Angela Weyel



# 12 Mini-Theaterstücke

## für Grundschulkinder

**Aufführungen mit wenig Aufwand**
von Einschulung bis Abschlussfeier
für Unterricht und Theater-AG

Verlag an der Ruhr

# Impressum

**Titel**
12 Mini-Theaterstücke für Grundschulkinder
*Aufführungen mit wenig Aufwand von Einschulung bis Abschlussfeier*
*für Unterricht und Theater-AG*

**Autorin**
Angela Weyel

**Umschlagmotive**
Kinder: © New Africa; Gespenst: © Olive Kitt – beide Shutterstock.com

**Illustrationen**
Anja Boretzki

**Druck**
Athesia Druck GmbH, Bozen, IT

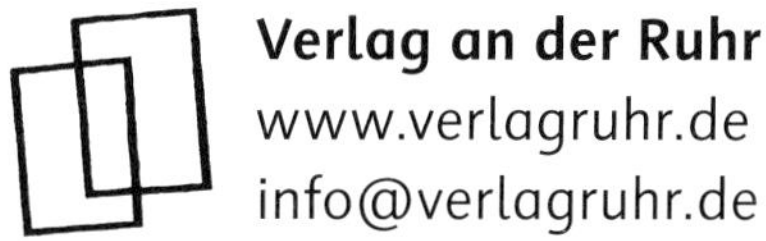


**Geeignet für die Klassen 1–4**


Nachdruck 2025
**ISBN 978-3-8346-6521-8**

# Inhaltsverzeichnis

# Vorwort

Beim Theaterspielen können Kinder über sich hinauswachsen und mit Spaß und Freude ein gemeinschaftliches Erlebnis haben, das sie als Gruppe zusammenbringt und das sie außerdem in ihrem Selbstbewusstsein stärkt.
Die zwölf Theaterstücke in diesem Buch sollen den Schüler*innen[1] diese Möglichkeit bieten. Dabei steht immer das Spiel der Kinder im Vordergrund. Das Bühnenbild ist bei allen Stücken schlicht gehalten, eigentlich zweitrangig. Die Kostüme sind mit wenig Aufwand zu erstellen oder zu besorgen.

## Zu den Theaterstücken

Es spielen in der Regel zehn bis zwölf Kinder. Bei Stücken, die in der Klasse spielen, bietet es sich an, weitere Kinder mitmachen zu lassen, die gern auf die Bühne möchten, sich aber keine eigene Sprechrolle zutrauen.

> Fast alle Rollen in diesem Buch, die einem Geschlecht zugeschrieben sind, können selbstverständlich verändert werden.
> *Ausnahmen:* Umweltsünder, Osterhasenvater, Mädchen und Jungen im Stück „Auf Klassenfahrt"

Die **Stücke** haben eine **Aufführungsdauer** von **5 bis 12 Minuten**. Die beiden **Theater-AG-Stücke** sind ungefähr **15 bis 20 Minuten** lang. Aufgrund ihres Umfangs, mehrerer Szenenwechsel und aufwändigerer Szenenarbeit bieten sie sich weniger im Unterricht, sondern besser in einer AG an. Beginnen sollten Sie mit diesen AG-Stücken inklusive der Probenarbeit nach den Sommerferien, um sie dann vor den Osterferien aufführen zu können.
Für das **Bühnenbild** eignen sich Schulbänke, die in allen Klassen vorhanden sind, da man sie beliebig stellen und auch andere Möbel damit andeuten kann.

## Tipps für das Theaterspielen

Damit die Kinder die Stücke lebhaft spielen und nicht bloß auswendig Gelerntes aufsagen, sollten Sie auf Folgendes achten:

- keine Mikrofone verwenden, sie verhindern, dass die Kinder spielen ➔ *lautes und deutliches Sprechen trainieren*
- Kinder immer dazu ermutigen, auf Gesagtes zu reagieren ➔ *sprechende Person anschauen, zuhören, mimisch oder mit Sprache reagieren*
- Kinder an geeigneten Stellen improvisieren lassen ➔ *geeignete Stellen sind in den Texten ausgewiesen*
- Aufstellungen in Reihen und Halbkreisen vermeiden ➔ *die ganze Bühne nutzen*

Legen Sie generell möglichst viel Verantwortung in die Hände der Kinder: z. B. sich Positionen merken, Requisiten, Umbauten, Aufgänge, Abgänge. Ermutigen Sie sie immer wieder, sich gegenseitig zu helfen!

In zwei Stücken kommt eine **Drei-Bewegungen-Choreografie** vor.
Dafür üben alle Kinder in Paaren drei Bewegungen zu einem Thema möglichst groß und übertrieben synchron ein (z. B.: Erfindet drei verschiedene Bewegungen zum Beobachten mit dem Fernglas!).
Dies wird dann mit passender Instrumentalmusik untermalt.

*Viel Spaß, Freude und Erfolg bei der Umsetzung!*

*Angela Weyel*

1 Der Verlag an der Ruhr legt großen Wert auf eine geschlechtergerechte und inklusive Sprache. Daher nutzen wir neutrale Formulierungen oder das Gendersternchen, um alle Menschen, unabhängig von Geschlecht oder Geschlechtsidentität, einzuschließen.
An einzelnen Stellen in diesem Buch verzichten wir dennoch auf das Gendern. Dies ist eine Einzelfallentscheidung aus didaktischen Gründen und ist in keinem Fall ausschließend oder diskriminierend zu verstehen.

# Hex hex! Einschulung in der Zauberschule

## Darum geht es

Auf dem Schulhof warten die großen Hexen und Zauberer auf ihre Kinder. Diese sitzen gerade in ihrer allerersten Schulstunde. Die Eltern unterhalten sich. Dabei kommt es zum Streit und schon bald wird der erste Zauberstab gezückt. Die Erwachsenen wollen den Zwist mit einem Zauberduell klären. Bevor es so weit kommt, stürmen die Kinder auf die Bühne, verhindern Schlimmeres und lassen die Erwachsenen ganz schön „alt" aussehen.

## Das wird benötigt

**Kostüme:**

✦ Hexen- und Zauberer-Kostüme

**Requisiten:**

✦ Zauberstäbe

**Bühnenbild:**

✦ Banner mit dem Schulnamen der Zauberschule *(z. B. auf Tapetenrolle)*

✦ zwei Stehtische, an denen sich die Spieler*innen zu Anfang gruppieren *(optional)*

Die Kinder haben bestimmt eigene Ideen für einen Namen der Zauberschule. Das Banner sollte an der hinteren Bühnenwand befestigt werden.

## Spieler*innen

Hexe 1: ..........

Hexe 2: ..........

Hexe 3: ..........

Hexe 4: ..........

Zauberer 1: ..........

Zauberer 2: ..........

Zauberer 3: ..........

Zauberer 4: ..........

Kind 1: ..........

Kind 2: ..........

Kind 3: ..........

Kind 4: ..........

# Hex hex!
# Einschulung in der Zauberschule

*Auf dem Schulhof. Hexen und Zauberer stehen in zwei Gruppen auf der Bühne. Während Gruppe 1 spricht, unterhält sich Gruppe 2 pantomimisch.*

**Gruppe 1**

Hexe 3: Der erste Schultag. Wie aufregend!
Zauberer 4: Schöner Schulhof!
Hexe 4: Wie lange sind die Kinder jetzt schon in der Klasse?
Zauberer 3: Ungefähr eine Stunde.
Zauberer 4: Habt ihr der Oberhexe vorhin zugehört? Die Rede war ja ganz schön lang.
Hexe 3: Nein, ich war zu abgelenkt. Ich musste die ganze Zeit an unsere kleine Viktoria denken.
Zauberer 3: Ich auch.
Hexe 4: Die macht das schon!
Zauberer 3: Was ist, wenn sie Hunger hat? Oder Durst?
Zauberer 4: Es gibt doch eine Frühstückspause.
Hexe 3: Und wenn sie aufs Klo muss?
Hexe 4: Da gibt es auch Toiletten, glauben Sie mir.
Zauberer 4: Sie sind ja ganz schöne Helikopter-Eltern.
Zauberer 3: Wir kümmern uns eben um unser Kind.

*Betretenes Schweigen.*

**Gruppe 2**

Hexe 1: Ich bin so aufgeregt!
Zauberer 1: Unsere kleine Walpurga konnte letzte Nacht nicht schlafen.
Zauberer 2: Ach ja? Unser Merlin war ganz cool.
Hexe 2: Jetzt werden die Kleinen echte Zauberer und Hexen.
Hexe 1: So wie wir vor 25 Jahren.
Zauberer 1: Was sie den Kindern wohl in der ersten Unterrichtsstunde beibringen?
Hexe 1: Vielleicht das Hexeneinmaleins?
Zauberer 2: Unsinn, viel zu schwer!
Hexe 2: Wahrscheinlich einen einfachen Froschzauber.
Hexe 1: Sie meinen den hier? Abrakadabra …

Zauberer 2: Halt! Stopp! Sind Sie wahnsinnig? Sie wollen doch nicht, dass hier plötzlich jemand als Frosch herumhüpft, oder?

Hexe 1: Jetzt regen Sie sich nicht so auf!

Zauberer 1: Eben, den Zauber kann man doch sofort wieder rückgängig machen.

Hexe 2: Das ist ja typisch für Ihre Familie: erst Mist bauen und dann meinen, man kann alles wieder zurückzaubern.

Hexe 1: Was soll das heißen? Typisch für unsere Familie?

Hexe 3: *(ruft)* Braucht ihr Hilfe?

Zauberer 1: Ja, die Krummbeins denken mal wieder, sie könnten einem vorschreiben, wann man zaubern darf.

Zauberer 3: Moment mal, das nervt mich schon sehr lange, wie die sich aufspielen.

Zauberer 4: Hey Krummbeins, alles in Ordnung?

Hexe 2: Nein! Die Wolfzahns und Grünwalds gehen uns auf die Nerven.

*Unter lautem Geschimpfe wechseln die Hexen und Zauberer ihre Positionen (Hexen/Zauberer 1 und 3 stellen sich im Pulk gegenüber Hexen/Zauberer 2 und 4 auf).*

Zauberer 4: Was wollt ihr von unseren Freunden?

Hexe 1: Was wir wollen? Die haben doch angefangen!

Hexe 4: Es ist eine Schande, dass mein Kind zusammen mit einem Grünwald-Bengel in einer Klasse sitzen muss!

*Die anderen reagieren entrüstet.*

Zauberer 1: Was? Von Ihrem Kind lernt mein Kind wahrscheinlich Zaubersprüche, mit denen man Popel an die Tafel schmiert.

*Die anderen reagieren entrüstet.*

Zauberer 2: Ihr Kind verhext die Lehrerin wahrscheinlich in einen Frosch.

*Die anderen reagieren entrüstet.*

Hexe 3: Und eure kleine Hexe wird allen bestimmt Spinnen in die Brotdose zaubern.

*Die anderen reagieren entrüstet. Alle schreien irgendwelche Vorwürfe durcheinander (improvisieren).*

Hexe 1: Halt! Stopp! Klären wir das doch auf die gute, alte Art.
Alle: *(rufen)* Zauberduell!

*Sie ziehen ihre Zauberstäbe heraus und stellen sich jeweils zu zweit gegenüber. Sie holen aus.*

Hexe 4: Jetzt kannst du was erleben. Hast du schon dein Testament gemacht?
Zauberer 3: Du kannst dir aussuchen, ob du lieber eine Kröte oder eine Schnecke sein möchtest!
Zauberer 1: Ich werde dich in einen Regenwurm verwandeln.
Zauberer 4: Du kannst froh sein, wenn du gleich noch piep sagen kannst.
Hexe 3: Mach dich auf den krassesten Krötenzauber gefasst.
Hexe 2: Gleich werde ich vor mir ein kleines Mäuschen haben.
Hexe 1: Genug geredet, auf drei geht es los.
Alle: Eins, zwei, ...

*Die Kinder stürmen jeweils Hand in Hand auf die Bühne. Die Eltern lassen ihre Zauberstäbe schnell sinken, große Begrüßung und Umarmung.*

Alle: Es war so schön!
Kind 1: Wir haben alle zusammen gesungen.
Kind 2: Und wir haben alle zusammen gezaubert.
Kind 3: Wir sind die tollste Klasse der Welt.
Kind 4: ... hat unsere Lehrerin gesagt.
Kind 1: Und dass wir immer zusammenhalten sollen.

*Die Eltern schämen sich und schauen sich betreten an.*

Kind 3: Morgen lernen wir unseren ersten Zauberspruch.
Kind 4: Das wird so cool!
Kind 2: Gehen wir jetzt noch alle zusammen ein Eis essen?

*Die Eltern lachen gekünstelt.*

Eltern: *(durcheinander improvisieren)* Natürlich! Selbstverständlich! Auf jeden Fall!
Hexe 2: Dieselbe Idee hatte ich auch!
Zauberer 3: Ich wollte das Gleiche vorschlagen.
Alle: Jaaa!

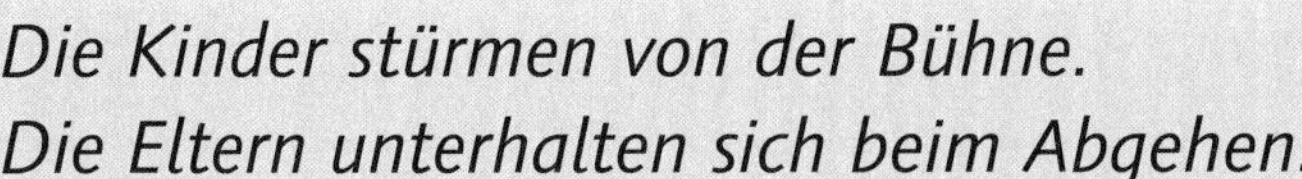

*Die Kinder stürmen von der Bühne.*
*Die Eltern unterhalten sich beim Abgehen:*

**Hexe 4:** Ich habe mir von Anfang an gedacht, dass unsere vier sich gut verstehen würden.

**Hexe 1:** Ja, mir war auch klar, dass sie ein tolles Gespann werden.

**Zauberer 2:** Natürlich, das war vorauszusehen.

**Zauberer 3:** Anders hätte ich mir das nicht vorstellen können.

Zeit: 5–7 Minuten

# Unser Klassentier außer Rand und Band

## Darum geht es

Das Klassentier *Paul* ist plötzlich lebendig geworden. Die Kinder staunen, die Lehrkraft will es jedoch nicht glauben. Im Unterricht spielt *Paul* der Lehrkraft alle möglichen Streiche und die Klasse amüsiert sich auf ihre Kosten. Als ein Kind der Nachbarklasse das Stofftier ausgeliehen haben möchte, gerät *Paul* in Not. So kommt die Lehrkraft *Paul* auf die Schliche. Die Kinder aber setzen sich für *Paul* ein und letztendlich finden alle gemeinsam eine gute Lösung.

## Das wird benötigt

**Kostüme:**

- ✦ Lehrer*in *(sollte sich deutlich von den Kindern unterscheiden)*
- ✦ Klassentier *(entsprechendes Tier-Kostüm)*

**Requisiten:**

- ✦ Rucksäcke *(Schulranzen sind meistens zu groß für die Bühne)*
- ✦ Arbeitsmaterial *(Hausaufgaben, Freiarbeit)*, Stifte
- ✦ Klemmbretter *(optional)*

**Bühnenbild:**

- ✦ drei Tische *(oder mehr, falls weitere Kinder ohne Sprechrollen mitspielen möchten)*
- ✦ ein Tisch als Pult mit Stuhl

*Im Stück spielt es keine Rolle, um welche Art von Stofftier es sich bei Paul handelt, sodass das jeweilige Klassentier als Vorbild dienen kann. Auch wird es den Kindern sicher gefallen, wenn der Name „Paul" durch den Namen des eigenen Klassentiers ersetzt wird.*

## Spieler*innen

Lehrer*in: ..........

Kind 1: ..........

Kind 2: ..........

Kind 3: ..........

Kind 4: ..........

Kind 5: ..........

Kind 6: ..........

Kind 7: ..........

Kind 8: ..........

Kind 9: ..........

Klassentier: ..........

# Unser Klassentier außer Rand und Band

*Die Lehrkraft und die Kinder sind in der Klasse. Die Kinder sitzen immer zu dritt auf einer Bank. Die Bänke stehen so auf der Bühne, dass die Kinder von der Seite zu sehen sind. Die Lehrkraft steht vor ihnen. Das Klassentier (verkleidetes Kind) sitzt zusammengesackt auf dem Tisch schräg hinter der Lehrkraft. Die Kinder quatschen. Die Lehrkraft macht das Leisezeichen.*

**Lehrkraft:** Guten Morgen, liebe Klasse 2a!
**Kinder:** Guten Morgen alle zusammen!
**Lehrkraft:** Wer möchte unser Klassentier wecken?

*Alle melden sich, Kind 1 kommt dran und geht zum Klassentier.*

**Kind 1:** Guten Morgen, Paul! So, setz dich mal richtig hin.

*Kind 1 richtet Paul auf und setzt sich wieder an seinen Platz.*

**Lehrkraft:** Holt bitte eure Hausaufgaben heraus!

*Paul verdreht die Augen und verzieht das Gesicht, die Kinder staunen und reagieren.*

**Lehrkraft:** Was ist los?
**Kind 2:** Paul hat sich bewegt.
**Kind 3:** Er lebt!
**Lehrkraft:** So ein Quatsch! Fangt bitte leise mit der Freiarbeit an.

*Die Lehrkraft geht zur ersten Bank und schaut sich die Hausaufgaben an. Paul geht ihr hinterher und macht sie nach und steht dabei hinter ihr. Die Kinder staunen und lachen.*

**Lehrkraft:** Was habt ihr denn?

*Paul legt den Finger an den Mund, macht das Psst-Zeichen.*

**Kinder:** Nichts!
**Lehrkraft:** Was ist denn heute los mit euch?

*Paul schleicht zum Tisch zurück.*

**Lehrkraft:** Ihr solltet für heute die 7er-Reihe lernen, dann frage ich euch gleich mal ab.
**Kind 4:** Oh nein, ich habe gar nicht geübt!
**Kind 5:** Ich auch nicht!
**Kind 6:** Ich auch nicht!
**Lehrkraft:** 5 x 7 ist gleich? ........................................ *(Kind 4)*
**Kind 4:** Äh …

*Paul zeigt mit einer Hand eine 5 mit der anderen eine 3.*

5, Moment 53.

*Paul schüttelt den Kopf, zeigt noch mal die Zahlen.*

Ich meine natürlich 35!

*Paul zeigt einen Daumen hoch. Alle Kinder grinsen und freuen sich.*

**Lehrkraft:** Was ist daran so lustig? 8 x 7 ist gleich? ........................................ *(Kind 5).*

*Paul zeigt mit den Händen wieder die Zahlen.*

**Kind 5:** Ich weiß es nicht. Moment 6, ich meine 56.
**Lehrkraft:** Warum starrt ihr alle dahin?

*Sie dreht sich um. Paul sitzt steif auf dem Pult.*

**Lehrkraft:** 7 x 7 ist gleich? ........................................ *(Kind 6).*

*Paul zeigt mit den Händen wieder die Zahlen.*

**Kind 6:** Ähem … 49.
**Lehrkraft:** Was ist denn da so Interessantes?

*Sie läuft um Paul herum und sucht. Die Kinder lachen.*

**Lehrkraft:** Ihr seid heute ganz schön aufgekratzt. Vielleicht singen wir erst mal was.

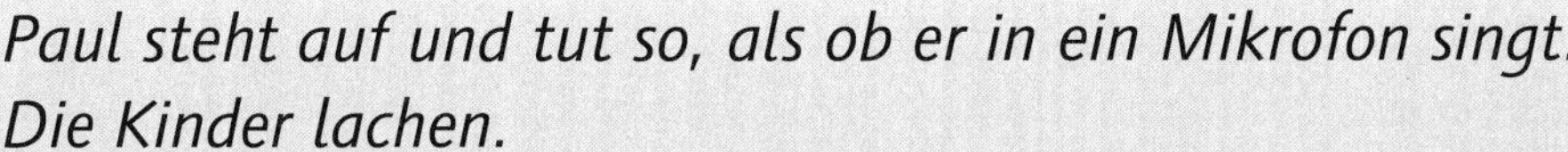

*Paul steht auf und tut so, als ob er in ein Mikrofon singt.*
*Die Kinder lachen.*

**Lehrkraft:** Was ist denn daran lustig? Steht bitte auf, wir singen unser Guten-Morgen-Lied.

*Die Kinder singen grinsend ein kurzes Lied.*
*Paul tut so, als ob er dirigiert. Die Kinder setzen sich wieder.*
*Paul setzt sich auch. Es klopft. Kind 7 tritt auf.*

**Kind 7:** Ich soll von Frau Müller fragen, ob Sie uns Ihr Klassentier für eine Stunde ausleihen können.
Wir brauchen Stofftiere für ein Puppenspiel.

*Paul erstarrt und schüttelt den Kopf.*

**Lehrkraft:** Wie schön, was spielt ihr denn für ein Stück?
**Kind 7:** Eine Liebesgeschichte.

*Paul ist entsetzt.*

**Lehrkraft:** Natürlich könnt ihr euch Paul ausleihen.

*Die Kinder protestieren.*

**Kind 8:** Nein, sie dürfen Paul nicht weggeben.
**Kind 9:** Auf keinen Fall!
**Lehrkraft:** Warum denn nicht?
**Kind 3:** Er mag keine Liebesgeschichten.
**Lehrkraft:** Kinder, Paul macht das ganz bestimmt nichts aus.
**Paul:** Doch es macht mir etwas aus!
**Lehrkraft:** *(dreht sich erschrocken zu ihm um)* Du lebst ja wirklich!
**Kind 7:** Oh, wie cool!
**Paul:** Bitte, bitte geben Sie mich nicht weg!
**Klasse:** Bitte, bitte!
**Lehrkraft:** Moment mal, du hast die ganze Zeit Blödsinn hinter meinem Rücken gemacht, oder?
**Paul:** Äh, ein bisschen.
**Lehrkraft:** Wegen dir hat die Klasse mich den ganzen Morgen über ausgelacht.

**Paul:** Na ja, vielleicht ein wenig.
**Lehrkraft:** Und warum sollte ich dich dann jetzt nicht weggeben?

*Paul ist zerknirscht.*

**Kind 1:** Ich habe eine Idee: Paul kann doch mit uns die 7er-Reihe üben.

*Paul nickt eifrig.*

**Kind 2:** Genau! Und Sie ruhen sich aus und trinken einen Kaffee.

*Paul nickt eifrig.*

**Lehrkraft:** Hm, das hört sich gut an. Was habt ihr noch zu bieten?
**Kind 8:** Wir bringen Sie zum Lachen.

*Paul nickt eifrig.*

**Kind 9:** Ich kenne ein paar richtig gute Witze.
**Lehrkraft:** Ihr habt mich überzeugt.
*Zu Kind 7:* Tut mir leid, du musst in der nächsten Klasse nach einem Stofftier fragen.

*Kind 7 starrt mit offenem Mund auf Paul.*
*Ein Kind schiebt es sanft aus der Klasse.*
*Paul umarmt die Lehrkraft.*

**Lehrkraft:** Und wir arbeiten ab jetzt zusammen, okay?
**Paul:** *(grinst)* Einverstanden!

*Die Kinder kommen jubelnd nach vorn und umarmen beide.*

Zeit: 8–10 Minuten

# Halloween-Lesenacht

## Darum geht es

Die Klasse trifft sich zur Halloween-Lesenacht abends in der Schule. Von den Eltern wurde ein passendes schauriges Büfett vorbereitet und alle Kinder sind verkleidet. Um es spannender zu machen, verraten sich die Kostümierten gegenseitig nicht, wer sie sind. Als ihnen und der Lehrerin Streiche gespielt werden, merken sie, dass sich ein echtes Gespenst unter sie gemischt hat. Nach dessen Enttarnung spielen die Kinder ihm einen Streich. Da sie nun quitt sind, ist der Geist damit einverstanden, den restlichen Abend mit der Klasse zu verbringen. Und eins ist den Kindern klar: Das ist die beste Halloween-Feier ihres Lebens.

## Das wird benötigt

**Kostüme:**
- ✦ Lehrerin: normale „Erwachsenen-Kleidung" mit Halloween-Accessoires
- ✦ Kinder: beliebige Halloween-Kostüme
- ✦ ein Gespenster-Kostüm

**Requisiten:**
- ✦ Schlafsäcke für alle Kinder und das Gespenst
- ✦ Toilettenpapier

**Bühnenbild:**
- ✦ drei kleine Bänke
- ✦ Halloween-Dekoration an den Bühnenwänden *(optional)*

## Spieler*innen

Lehrerin (Frau Gernot): ..........

Gespenst: ..........

Kind 1: ..........

Kind 2: ..........

Kind 3: ..........

Kind 4: ..........

Kind 5: ..........

Kind 6: ..........

Kind 7: ..........

Kind 8: ..........

# Halloween-Lesenacht

*Die Bänke sind im leichten Halbkreis aufgestellt. 9 Kinder kommen von allen Seiten, verkleidet in Halloween-Kostümen, mit Schlafsäcken auf die Bühne und treffen sich in der Mitte (vor den Bänken).*
*Eins der Kinder ist als Gespenst verkleidet.*

**Kind 1:** Wow, du siehst cool aus!
**Kind 2:** Du auch!
**Kind 3:** Du bist so gut geschminkt, ich weiß gar nicht, wer du bist.
**Kind 4:** Wir verraten alle nicht, wer wir sind, okay?
Das macht es noch gruseliger.

*Alle stimmen zu.*
*Die Lehrerin tritt seitlich auf. Die Kinder drehen sich zu ihr.*

**Lehrerin:** Liebe Kinder, wie schön, dass jetzt alle da sind.
Ich begrüße euch zu unserer Halloween-Spiel- und -Lesenacht.
Toll, dass ihr euch wirklich alle verkleidet habt!
**Kind 5:** Wann gibt es was zu essen?
**Lehrerin:** Nachher! Eure Eltern richten gerade im Nebenraum ein schauriges Büfett her.
**Kind 6:** Ja, mein Vater bringt abgeschnittene Finger mit!
**Kind 2:** Igitt!
**Kind 6:** Das sind doch nur kleine Würstchen!
**Kind 2:** Ach so!
**Kind 7:** Es gibt auch essbares Gehirn!
**Kind 1:** Waaas?
**Kind 7:** Das ist doch nur Wackelpudding!
**Lehrerin:** So, jetzt macht es euch gemütlich. Ihr dürft jetzt erst mal Spiele spielen.
Nach dem Essen lese ich euch eine Gruselgeschichte vor.
**Kind 8:** Aber bitte keine für Babys!
**Lehrerin:** Natürlich nicht! Ich sehe mal nach dem Büfett und verabschiede die Eltern.

*Die Lehrerin geht ab. Die Kinder freuen sich und sind gespannt.*

**Kind 1:** Ich klettere jetzt schon in meinen Schlafsack.
**Alle:** Ich auch!

*Alle klettern in die Schlafsäcke, setzen sich dabei auf Bänke und Boden.*

Kind 2: Was ist das denn? Da ist was unten drin!
Kind 3: Bei mir auch!
Kind 2 u. 3: *(halten es hoch)* Klopapier!

*Die anderen lachen.*

Kind 4: Ich hoffe, es ist unbenutzt!
Kind 3: Bah, hör auf! Ja, es ist sauber.
Kind 2: Toller Halloween-Streich! Wer war das?
Alle: *(durcheinander)* Keine Ahnung! Ich war's nicht …
Kind 3: Komisch, wir haben unsere Schlafsäcke doch immer bei uns gehabt.
Kind 2: Nein, wir waren doch auf der Toilette, bevor wir reingekommen sind, und haben unsere Sachen im Flur gelassen.
Kind 3: Stimmt! Wir werden schon noch herauskriegen, wer uns das Klopapier in die Schlafsäcke gestopft hat!
Kind 6: Hier geht es immer nur um Toiletten, jetzt muss ich mal.
Kind 7: Ich auch, ich komme mit.

*Kind 6 und 7 gehen ab. Die Lehrerin kommt auf die Bühne.*

Lehrerin: Kinder, Halloween-Streiche sind ja schön und gut, aber Salz in den Zuckerstreuer zu tun, das geht zu weit!

*Die Kinder lachen.*

Lehrerin: Ich finde das gar nicht lustig! Wenn man sich auf eine leckere Tasse Tee freut und dann alles ausspucken muss, das ist doch …

*Die Kinder lachen wieder.*

Kind 5: Zucker ist sowieso ungesund.
Kind 8: Ja, den sollten Sie gar nicht in Ihren Tee tun.
Lehrerin: Ich mache mir jetzt eine neue Kanne. Mit Honig!

*Sie geht ab.*

Kind 1: Wie lustig, wer von euch war das?

*Niemand meldet sich.*

Kind 1: Kommt schon, das muss jemand von euch gewesen sein.
Kind 5: Vielleicht warst du es ja.
Kind 1: Nein!

*Sie hören Schreie aus dem Off. Manche Kinder springen auf.*

Kind 4: Was war das?
Kind 8: Das hörte sich ziemlich echt an.
Kind 5: Mamma mia, jetzt wird's langsam richtig gruselig.

*Die zwei Kinder, die auf der Toilette waren, kommen zurückgerannt.*

Kind 6: Das war der Schock meines Lebens, ich sage es euch!
Kind 7: Ich bin fix und fertig!
Kind 2: Habt ihr so geschrien?
Kind 7: Ja, wisst ihr warum?
Kind 3: Sag schon!
Kind 7: Aus dem Seifenspender kam keine Seife, sondern Blut.
Alle anderen: Iiihh!
Kind 6: Dachten wir zuerst. Dann haben wir gemerkt, dass es Ketchup ist.
Alle anderen: *(sind erleichtert)* Puh!
Kind 1: Okay, jetzt reden wir mal Klartext.
Wer spielt uns die ganze Zeit die Streiche?
Alle: *(durcheinander)* Ich bin es nicht.
Kind 4: Du bist schon den ganzen Abend so verdächtig still.
Kind 5: Ich habe immer noch nicht herausbekommen, wer du eigentlich bist.
Kind 8: Vielleicht ist es ein echtes Gespenst!
Kind 1: Quatsch, das ist doch .................................................... *(Name Kind 8).*
Kind 8: Ich bin ..................................................
Alle: *(durcheinander)* Ich bin …

*Alle nennen ihre Namen. Dabei steigen alle, die noch in Schlafsäcken sind, aus diesen heraus. Nur das Gespenst schweigt. Die Kinder stellen sich dem Gespenst gegenüber.*

Kind 2: Und wer bist du?
Gespenst: Äh, ich bin's doch, Theodor.
Kind 4: Ha, wir haben keinen Theodor in der Klasse.
Gespenst: Mist!
Kind 8: Wusste ich es doch! Du bist ein echtes Gespenst, stimmt's?
Gespenst: Aber sicher!

*Die Kinder sind begeistert.*

Kind 5: Und du spielst uns die ganze Zeit Streiche?
Gespenst: Na klar!

*Die Kinder zeigen Anerkennung.*



Kind 3: Das ist die beste Halloween-Party meines Lebens.
Kind 6: Mit einem echten Gespenst!
Kind 7: Das glaubt uns keiner.
Kind 1: Wir müssen dich unbedingt Frau Gernot zeigen.
*(ruft)* Frau Gernot!
Gespenst: Pst, nein, seid leise! Ruft eure Lehrerin nicht.
Kind 2: Warum nicht? Sie ist nett.
Gespenst: Sie kann mich sowieso nicht sehen.
Kind 2: Nein?
Gespenst: Erwachsene können mich nicht sehen.
Kind 3: Deswegen hat sie nicht gemerkt, dass hier einer zu viel ist.
Gespenst: Und deswegen hat sie nicht gemerkt, dass ich ihr ihren Schlafsack weggenommen habe.

*Die Kinder sind erstaunt.*

Kind 5: Warum haben wir dich noch nie gesehen?
Gespenst: Ihr seid ja sonst nicht nach Sonnenuntergang in der Schule.
Kind 4: Ach so, du spukst erst durch das Gebäude, wenn es dunkel ist?
Gespenst: Natürlich!
Kind 7: Jede Nacht?
Gespenst: Nein, nur wenn mir langweilig ist. Ich wohne im Keller.

*Die Kinder finden es cool.*

Kind 8: Und heute Abend wolltest du uns einfach nur Streiche spielen?
Gespenst: Ach, das war nur so nebenbei zum Spaß. Ich hatte eigentlich vor, euer Essen zu stehlen.

*Die Kinder sind entrüstet.*

Kind 5: Da hört der Spaß auf!
Gespenst: Wann bekommt man schon so ein herrliches, exquisites Büfett. Habt ihr gesehen, wie toll es aussieht? Spinnenbeine, abgeschnittene Finger und noch viel mehr Köstlichkeiten.
Kind 3: Das ist doch nicht …
Kind 6: Psst! Jetzt spielen wir ihm einen Streich.
Gespenst: Ihr Menschen esst sonst so widerwärtiges Zeug, das kriege ich nicht runter. Aber endlich gibt es hier etwas kulinarisch Wertvolles!
Kind 2: Du musst kein Essen klauen. Komm gleich einfach mit.
Kind 1: Ja, sei unser Gast.

*Die Lehrerin kommt auf die Bühne.*

**Lehrerin:** Alles in Ordnung, Kinder?
**Kinder:** Ja, alles bestens.
**Lehrerin:** Dann auf in den Nebenraum, das Büfett ist eröffnet.
**Kind 5:** Gehen Sie schon mal vor, wir kommen gleich nach.
**Lehrerin:** Nanu, so kenne ich euch ja gar nicht.

*Sie geht ab.*

**Kind 4:** Los, geh mit und iss dich satt! Es ist alles für dich.
**Gespenst:** Das ist aber großzügig von euch.

*Das Gespenst läuft hinter der Lehrerin her. Die Kinder warten gespannt.*

**Gespenst:** *(aus dem Off)* Uääh!

*Die Kinder lachen. Das Gespenst kommt zurück auf die Bühne.*

**Gespenst:** Ekelhaft, widerwärtig, schlimmster Menschenfraß!

*Die Kinder lachen.*

**Kind 1:** Jetzt sind wir quitt!
**Gespenst:** *(lachend)* Ja, jetzt sind wir quitt!
**Kind 3:** Bleibst du noch bei uns?
**Kind 7:** Nach dem Essen gibt es Gruselgeschichten.
**Alle Kinder:** Bitte, bitte bleib!
**Lehrerin:** *(aus dem Off)* Kinder, ich habe gleich alles allein aufgegessen.
**Alle Kinder:** Wir kommen!
**Gespenst:** Na gut, weil ihr wirklich monstermäßig cool seid, leiste ich euch heute den ganzen Abend Gesellschaft. Und ich ertrage es, euch beim Essen zuzuschauen.

*Die Kinder jubeln und klatschen das Gespenst ab.*
*Dann gehen sie von der Bühne. Das Gespenst geht als Letztes.*

**Gespenst:** *(zum Publikum)* Aber ob ich heute Abend keine Streiche mehr spiele, das kann ich wirklich nicht versprechen.

*Es zwinkert dem Publikum zu und geht ab.*

Zeit: 10 – 12 Minuten

# Task Force 70 – Dem Umweltsünder auf der Spur

## Darum geht es

Auf einer Parkbank mit Blick auf den Schulhof lassen sich ein paar ältere Damen und Herren nieder. Auf sie trifft eine Gruppe Schüler*innen, die sich darüber beschweren, dass sie in letzter Zeit immer besonders viel Plastikmüll beim Hofdienst beseitigen müssen.
Die Senior*innen wittern einen Fall und rufen den Rest ihrer Truppe (die Task Force 70) herbei. Sie wollen den Kindern helfen, den*die Verursacher*in des Müllproblems zu finden. Von der Parkbank aus wird ab sofort der Schulhof beobachtet, bis der*die Schuldige erwischt und von den älteren Leuten gestellt wird. Nach einer Standpauke durch Kinder und Task Force erhält der Umweltsünder seine gerechte Strafe.

## Das wird benötigt

**Kostüme:**
- weiße/graue Perücken oder Color Haarspray
- altmodische Kleidung
- altmodische Accessoires *(z. B. Handtaschen, Hüte, Brillen …)*
- Spazierstöcke

**Requisiten:**
- Rucksäcke *(als Schultaschen)*
- sechs Handys
- drei Ferngläser
- Müllsack

**Bühnenbild:**
- eine Bank

**Musik:**
- Instrumentalmusik, z. B. „Pina" – Soundtrack zum Film

## Spieler*innen

Alte Dame 1: ..............................

Alte Dame 2: ..............................

Alte Dame 3: ..............................

Alter Herr 1: ..............................

Alter Herr 2: ..............................

Alter Herr 3: ..............................

Mann (Umweltsünder): ..............................

Kind 1: ..............................

Kind 2: ..............................

Kind 3: ..............................

Kind 4: ..............................

Kind 5: ..............................

Kind 6: ..............................

# Task Force 70 – Dem Umweltsünder auf der Spur

*Auf der Bühne steht eine Bank. Alte Dame 1, alte Dame 2 und alter Herr 1 kommen auf die Bühne.*

Alte Dame 1: Mein Rücken tut so weh!
Alte Dame 2: Gehen wir gleich in die Kaffeebude?
Alter Herr 1: Erst mal setzen wir uns hier auf die Bank.
Alte Dame 1: Aber hier hört man immer den ganzen Lärm vom Schulhof.
Alte Dame 2: Ist doch schön, zu hören, wie die Kinder spielen.
Alter Herr 1: Das finde ich auch!

*Sie setzen sich.*

Alter Herr 1: Auf diese Schule bin ich übrigens auch gegangen.
Alte Dame 1: Wann denn, vor 100 Jahren?
Alter Herr 1: Jetzt werde mal nicht frech!
Alte Dame 1: Sei doch nicht so empfindlich!

*Sechs Kinder kommen mit Schultaschen auf die Bühne.*

Kind 1: Endlich Schule aus!
Kind 2: Warum mussten wir wieder den Müll auf dem Schulhof einsammeln?
Kind 3: Das ist so unfair!
Kind 4: Ich möchte wissen, wer hinter der Tischtennisplatte jeden Tag alles so zumüllt.
Kind 5: Ja genau, da liegt immer so viel Plastikmüll!
Kind 3: Wir sind es nicht! Und trotzdem schickt die doofe Frau Ratzel immer uns zum Hofdienst.
Alter Herr 1: Na, na, na, schimpf mal nicht so über deine Lehrerin!

*Die Kinder bleiben stehen. Sie stehen so auf einer Seite der Bank, dass man die 3 auf der Bank noch sehen kann.*

Kind 3: Wieso nicht?
Alte Dame 2: Weil es sich nicht gehört.
Kind 6: Aber immer müssen wir den Müll aufsammeln.
Alte Dame 1: Wirklich immer?
Kind 1: Also, diese Woche jeden Tag.
Alte Dame 1: Na, das ist ja nicht immer!

Kind 2: Aber seit wir Hofdienst haben, gibt es 3-mal so viel Müll wie sonst.

Kind 4: Ja, irgendetwas stimmt da nicht.

Alte Dame 2: Ihr meint, irgendjemand wirft da absichtlich viel Abfall hin?

Kinder: Ja, auf jeden Fall!

Alte Dame 1: Denkt ihr auch, was ich denke?

Alle Alten: Das ist ein Fall für die Task Force 70!

*Die Damen und Herren stehen auf und machen eine Pose. Dann setzen sie sich wieder.*

Kind 6: Wie bitte?

Alte Dame 2: Wir übernehmen den Fall Kinder, keine Sorge!

Kind 5: Den Fall!?

Alter Herr 1: Wir überführen den oder die Umweltsünder. Geht ruhig heim, wir kümmern uns um alles.

Kinder: *(verwirrt und erfreut)* Okay, danke, tschüss!

*Sie gehen weiter und auf der anderen Seite der Bühne ab.*

Alte Dame 1: Als Erstes brauchen wir Verstärkung.

*Die alten Damen und Herren holen ihre Handys heraus und telefonieren gleichzeitig. (frei improvisieren: „Bring dein Fernglas mit …")*
*Drei weitere alte Damen und Herren kommen während des Gesprächs mit Telefon am Ohr auf die Bühne und legen auf, als sie die Bank erreichen.*
*Alle begrüßen sich mit großem Hallo.*

Alter Herr 2: Ein neuer Fall? Wie aufregend!

Alte Dame 3: Rückt mal ein bisschen.

*Die alte Dame 3 setzt sich dazu. Die anderen beiden bleiben stehen.*

Alter Herr 3: Was steht an?

Alte Dame 2: Wir müssen herausfinden, ob jemand absichtlich Müll auf dem Schulhof ablädt.

Alte Dame 3: Der Schulhof muss also observiert werden.

Alter Herr 1: Richtig! Und zwar rund um die Uhr.

Alter Herr 3: In Ordnung, wir übernehmen die erste Schicht.

Alte Dame 1: Dann gehen wir so lange in die Kaffeebude.

*Alte Dame 1 und 2 und alter Herr 1 gehen ab, die anderen holen ihre Ferngläser heraus. Die beiden Herren setzen sich auch auf die Bank. Musik wird eingespielt: Aufführung Drei-Bewegungen-Choreografie*

*Die Kinder treten auf.*
*Gehen von hinten an die Bank.*
*Musik wird ausgeblendet.*

**Kind 4:** Komisch, das sind ja andere.
**Kind 3:** Aber sie beobachten den Schulhof.
**Kind 2:** *(beugt sich vor)* Hallo, gehören Sie zur Task Force 70?

*Die alten Damen und Herren erschrecken sich.*

**Alter Herr 2:** Ja, wir sind die erste Schicht.
**Kind 5:** Und hat sich schon was getan?
**Alte Dame 1:** Bisher noch nicht.
**Alter Herr 3:** Ich habe ein Rotkehlchen beobachtet.
**Alte Dame 1:** Na, das ist doch auch etwas.
**Kind 6:** Das ist ja sehr schön, aber wir möchten wissen, wer den Schulhof zumüllt.
**Alter Herr 2:** Am besten übernehmt ihr die nächste Schicht.
**Kind 1:** Wie? Was? Ich muss noch Hausaufgaben machen.
**Kind 4:** Und ich wollte eigentlich noch zu meiner Freundin gehen.
**Kind 2:** Ich habe noch …
**Alter Herr 3:** Papperlapapp, so, hier ist ein Fernglas, passt gut darauf auf! Wir gehen jetzt in die Kaffeebude.
**Alter Herr 2:** Ablösung kommt gleich.
**Kind 3:** Na toll, ich dachte die Task Force übernimmt alles.
**Kind 5:** Nicht schimpfen, vielleicht kriegen wir selbst raus, was los ist.
**Kind 6:** Ist doch aufregend!

*Die alten Leute gehen ab. Die Kinder setzen sich auf die Bank.*

**Kind 2:** *(mit Fernglas)* Da, da geht jemand zur Tischtennisplatte. Es sind insgesamt vier Leute. Mit einer großen Tasche.
**Kind 1:** Was? Wer? Gib mir das Fernglas!

*Kind 1 übernimmt das Fernglas.*

**Kind 5:** Das sind bestimmt die Übeltäter!
**Kind 1:** Sie holen etwas aus ihrer Tasche.
**Kind 6:** Wir haben sie! Jetzt schmeißen sie bestimmt ihren Müll auf den Schulhof.
**Kind 3:** Was holen sie raus? Gib das Fernglas her!

*Gerangel, Kind 4 bekommt das Fernglas.*

**Kind 4:** Sie holen Tischtennisschläger und einen Ball aus der Tasche.

*Alle sind enttäuscht.*



Kind 5: Warum so eine große Tasche für vier Tischtennisschläger und einen Ball?
Kind 2: Keine Ahnung!
Kind 3: Das wird doch nichts! Wie lange sollen wir hier noch sitzen?
Kind 2: Da kommt die Ablösung.

*Alte Damen 1, 2 und alter Herr 1 kommen auf die Bühne.*

Alte Dame 1: So ein Kaffee tut doch immer gut.
Alter Herr 1: Ja, der wärmt die steifen Glieder.
Alte Dame 2: Ah, die Kinder waren fleißig.
Alte Dame 1: Wir haben schon gehört, dass ihr die zweite Schicht übernommen habt.
Alter Herr 1: Habt ihr schon etwas herausgefunden?
Kinder: Nein!
Alter Herr 1: Dann Platz da auf der Bank, jetzt kommen die Profis.
Kinder: Profis?
Alte Dame 2: Wenn ihr wüsstet, wie viele Fälle wir schon aufgeklärt haben.
Kinder: Na, dann, viel Erfolg!
Die alten Damen und Herren: Danke, Kinder!

*Die Kinder gehen ab.*
*Die alten Leute setzen sich auf die Bank und beobachten den Schulhof.*

Alte Dame 1: Ich sehe etwas wirklich Verdächtiges.

*Sie reicht das Fernglas weiter.*

Alter Herr 1: Oh ja, ein verdächtiges Subjekt mit einem großen Müllbeutel.

*Er reicht das Fernglas weiter.*

Alte Dame 2: In der Tat. Er leert den Beutel unter der Tischtennisplatte aus.

*Sie reicht das Fernglas weiter.*

Alter Herr 1: Unerhört! Er verlässt den Tatort in Richtung Süden.
Alte Dame 1: Sehr gut, dann läuft er in Richtung Kaffeebude.
Alte Dame 2: Ruf die anderen an. Sie sollen dem Täter entgegengehen und ihn abfangen.

*Der alte Herr 1 telefoniert (improvisieren).*
*Die Kinder treten auf und stellen sich auf eine Seite der Bank.*

**Kind 6:** Und hat sich schon was getan?
**Alter Herr 1:** Und ob! Gleich werdet ihr den Übeltäter zu Gesicht bekommen.
**Kind 1:** Ist es jemand aus der Schule? Ich wette, es sind Kinder aus der 4b.
**Kind 3:** Oder Frau Ratzel, um uns noch mehr Arbeit zu machen.
**Alte Dame 1:** Ihr liegt ganz falsch, Kinder.

*Die drei alten Damen und Herren kommen auf die Bühne. Sie führen den Übeltäter zwischen sich und bleiben auf der anderen Seite der Bank stehen.*

**Mann:** Was wollen Sie von mir? Ich habe ja ein Herz für ältere Menschen, aber das hier geht zu weit.
**Kind 4:** Den kenne ich, der wohnt in dem Haus gegenüber der Schule.
**Alte Dame 2:** Wieso haben Sie einen leeren Müllsack in der Hand?
**Mann:** Das geht Sie gar nichts an.
**Alter Herr 1:** Sie wurden überführt, wir haben gesehen, wie Sie alles auf dem Schulhof abgeladen haben.
**Alte Dame 3:** Warum tun Sie so etwas?
**Kind 2:** Denken Sie nicht an die Tiere?
**Kind 5:** Wissen Sie nicht, dass Müll in der Umwelt schädlich für sie ist?
**Kind 1:** Und außerdem müssen wir jeden Tag Ihren ganzen Müll wieder aufsammeln.

*Die Kinder regen sich auf.*

**Alter Herr 3:** Jetzt lasst ihn doch antworten, Kinder.
**Alte Dame 3:** Jeder hat das Recht, sich zu verteidigen. *(zum Übeltäter)* Bitte!
**Mann:** Ähm, also, ich habe in meinen Mülltonnen keinen Platz mehr. Meine Frau ist verreist und kocht nicht mehr für mich. Deswegen kaufe ich jetzt jeden Tag Takeaway-Essen. Die Plastikverpackungen nehmen so viel Platz weg, dass meine Tonnen schon voll sind.
**Kind 3:** Hallo, schon mal was von Selbstkochen gehört?
**Kind 6:** In welchem Jahrhundert leben Sie?
**Alte Dame 1:** Warum schmeißen Sie den Plastikmüll dann nicht in die gelbe Tonne auf dem Schulhof?
**Kind 5:** Die Tonnen sind weggeschlossen. Der Hausmeister schließt auf, wenn der Hofdienst fertig ist.
**Mann:** Ja, das ist das Problem!
**Kind 2:** Dann bringen Sie Ihren Müll woanders hin!
**Mann:** Aber ich wohne direkt hier, die Schule ist am nächsten.

*Die Kinder sind sauer und regen sich auf.*



Alte Dame 2: Kinder, hört bitte mal zu!
Alter Herr 2: Die Lösung ist doch ganz einfach. Sie fangen an, ihr Essen selbst zuzubereiten, und vermeiden Plastikmüll.
Alte Dame 3: Das heißt auch kein Kaffee to go mehr.
Mann: *(verzweifelt)* Nein!
Alter Herr 1: Keine Sandwiches in Plastikverpackungen mehr.
Mann: *(verzweifelt)* Nein!
Alter Herr 2: Kein Takeaway-Essen in Wegwerfschalen mehr.
Mann: *(verzweifelt)* Nein!
Alte Dame 1: Und außerdem werden Sie den Kindern die ganze Woche lang beim Mülldienst helfen.
Mann: Was? Nie im Leben! Viel zu anstrengend.
Alte Dame 2: Ist es Ihnen lieber, wenn wir die Polizei rufen?
Alter Herr 3: Müllentsorgung auf öffentlichen Plätzen ist nämlich illegal.
Mann: Nein, nein, schon gut! Ich werde da sein.
Kind 5: Ab morgen um 13:20 Uhr. Wir treffen uns beim Hausmeister.
Alte Dame 2: Und jetzt gehen Sie erst mal zurück zum Schulhof und sammeln ein, was Sie eben abgeladen haben, und nehmen es wieder mit.
Mann: Wenn's sein muss!

*Er geht ab.*

Alter Herr 2: Fall gelöst!

*Die alten Damen und Herren machen einen jugendlichen Handschlag untereinander. Die Kinder sind begeistert.*

Kind 3: Sie sind wirklich cool!
Alte Dame 1: Vielen Dank! Macht's gut Kinder und denkt dran, wenn ihr ein Problem habt, kommt zur …
Alle Alten: *(Pose)* Task Force 70.
Kinder: Ja, auf jeden Fall.

*Alle machen untereinander einen jugendlichen Handschlag und verabschieden sich.*

# Die Weihnachtsmäuse

## Darum geht es

Die Weihnachtsmäuse sind unzufrieden, weil sie vom Weihnachtsmann keine wichtige Aufgabe bei den Weihnachtsvorbereitungen bekommen. Da das Geschenkebasteln und Dekorieren den Wichteln vorbehalten ist, bleibt für sie nichts Sinnvolles zu tun. Sie möchten dem Weihnachtsmann aber beweisen, dass auch sie etwas besonders gut können.
Bei den gemeinsamen Überlegungen, was das sein könnte, fällt ihnen allerdings nichts ein. Als zwei Wichtel dem Weihnachtsmann berichten, dass die Schlittenfahrt mit den Rentieren nicht stattfinden kann, da alle Glöckchen kaputt sind, singen die Mäuse „Kling, Glöckchen, klingelingeling". Da die Rentiere ohne Glockenklang nicht losfliegen können, sind sich Weihnachtsmann und Wichtel einig, die glockenhellen Stimmen der Mäuse sind die Rettung. Jetzt ist klar, welche wichtige Aufgabe die Weihnachtsmäuse von nun an jedes Weihnachten haben werden.

## Das wird benötigt

**Kostüme:**
- ein Weihnachtsmann-Kostüm
- Mäuse: graue, dunkle Kleidung, neun Weihnachtsmützen mit Mäuseohren
- Wichtel: grüne Kleidung, zwei Weihnachtsmützen

**Requisiten:**
- ein Gymnastikreifen

**Bühnenbild:**
- Weihnachts-Dekoration an den Bühnenwänden *(optional)*

*Die Mäuseohren können aus grauer Pappe gebastelt und an den Weihnachtsmützen befestigt werden.*

## Spieler*innen

Maus 1: ..............................

Maus 2: ..............................

Maus 3: ..............................

Maus 4: ..............................

Maus 5: ..............................

Maus 6: ..............................

Maus 7: ..............................

Maus 8: ..............................

Maus 9: ..............................

Wichtel 1: ..............................

Wichtel 2: ..............................

Weihnachtsmann (Santa): ..............................

# Die Weihnachtsmäuse



*Der Weihnachtsmann (Santa) steht auf der Bühne und hält einen Gymnastikreifen in der Hand. Die Mäuse stehen in einer Reihe dahinter.*

Santa: Und hopp, alle springen einmal durch den Reifen.

*Die Weihnachtsmäuse springen durch den Reifen. Jede Maus macht einen eigenen, besonderen Sprung. Die Mäuse sehen dabei genervt aus. Sie stellen sich danach wieder in die Reihe.*

Santa: Toll macht ihr das! Und jetzt rückwärts.
Maus 1: Santa, warum machen wir das eigentlich?
Maus 2: Genau!
Maus 3: Ich habe keine Lust mehr, durch den blöden Reifen zu springen.
Alle anderen Mäuse: *(durcheinander)* Ich auch nicht!

*Die Reihe löst sich auf. Jede Maus sucht sich einen Platz auf der Bühne.*

Santa: *(lässt den Reifen sinken)* Was? Ich dachte, das macht euch Spaß!
Maus 2: Nein, tut es nicht.
Santa: Liebe Weihnachtsmäuse, ihr habt euch doch darüber beschwert, dass euch langweilig ist.
Maus 4: Ja, uns ist langweilig!
Maus 5: Weil wir in der Weihnachtswerkstatt nichts machen dürfen.
Maus 6: Die Wichtel jagen uns immer fort.
Santa: Ihr dürft die Wichtel auch nicht stören.
Maus 7: Aber wir wollen auch etwas Sinnvolles tun.
Maus 8: Wir sind doch Weihnachtsmäuse!
Santa: Ihr tut doch ganz viel Sinnvolles!
Maus 7: Ach ja, was denn?
Santa: Ihr testet jedes Weihnachtsplätzchen.
Maus 9: Ja toll, das kann doch jeder!
Santa: Nein, niemand macht das so gut wie ihr.
Maus 1: Wir können aber mehr.
Maus 6: Warum traust du uns nichts zu?
Santa: Ich traue euch eine Menge zu, aber jetzt muss ich mal schauen, wie weit die Wichtel mit den Geschenken sind. Ich muss nämlich bald los.

*Er geht ab.*

Maus 2: *(genervt)* Die Wichtel, die Wichtel!
Maus 3: Die gehen mir auf den Keks, die Wichtel.
Maus 5: Wir müssen Santa beweisen, dass wir genauso wichtig sind.
Alle anderen Mäuse: Genau!
Maus 4: … dass wir auch etwas Besonderes können.
Alle anderen Mäuse: Jawohl!
Maus 7: … dass wir unersetzlich sind.
Alle anderen Mäuse: Richtig!
Maus 8: Äh, was können wir denn?
Maus 1: Gute Frage!
Maus 9: Lasst uns Ideen sammeln!

*Die Mäuse stellen sich in drei Gruppen auf (Maus 1, 2, 3 – Maus 4, 5, 6 – Maus 7, 8, 9) und unterhalten sich (durcheinander, improvisieren, gestikulieren).*

Maus 8: Wir haben was! *(die anderen Mäuse verstummen)* Wir könnten die Rentiere ersetzen.
Maus 2: Seid ihr wahnsinnig?
Maus 6: Die Schlitten sind viel zu schwer!
Maus 1: Wir bräuchten mindestens 200 Mäuse pro Schlitten.
Maus 3: Wir wissen etwas Besseres: Wir backen die Weihnachtsplätzchen!
Maus 9: Habt ihr vergessen, dass wir das schon mal versucht haben?
Maus 7: Erinnert ihr euch noch daran, wie sie geschmeckt haben?
Maus 2: Doch nur, weil sie *(zeigt auf Maus 4)* Salz und Zucker verwechselt hat.
Maus 4: Das war ich nicht!
Maus 2: Ach ja? Wer dann?
Maus 5: Halt! Stopp! Wie wäre es damit: Wir basteln Weihnachtsdeko.
Maus 6: Ja, wir machen Sterne aus Papier.
Maus 1: Die Wichtel haben schon 3D-Sterne aus Goldpapier gefaltet.
Maus 7: Ja und außerdem Schneeflocken gehäkelt und Christbaumkugeln gebastelt.
Maus 4: *(genervt)* Diese Wichtel …

*Zwei Wichtel kommen auf die Bühne.*

**Wichtel 1:** Hallo Weihnachtsmäuse, habt ihr uns gerufen?
**Alle Mäuse:** *(schlecht gelaunt)* Hallo Wichtel!
**Maus 6:** Nein! Wir haben euch nicht gerufen.
**Maus 9:** Braucht ihr Hilfe beim Geschenkebasteln?
**Wichtel 2:** Nein, danke, wir sind schon fertig. Wir suchen Santa.

*Der Weihnachtsmann (Santa) tritt auf. Die Wichtel begrüßen ihn erfreut.*

**Wichtel:** Da bist du ja!
**Santa:** Euch habe ich gesucht. Wir müssen gleich über die erste Schlittenfahrt sprechen.
**Wichtel 1:** Wir wollten auch mit dir sprechen.
**Wichtel 2:** Es gibt ein Problem.
**Wichtel 1:** Alle Glöckchen an den Schlitten sind kaputt.
**Santa:** Oh nein, die Rentiere bewegen sich nicht ohne Glockenklang!
**Wichtel 2:** Was machen wir bloß?
**Wichtel 1:** In 10 Minuten musst du mit den Päckchen los!
**Wichtel 2:** Sonst stehen die Kinder an Weihnachten ohne Geschenke da.
**Eine Maus:** *(fängt an, zu singen)* Kling, Glöckchen, klingeling …

*Die anderen Mäuse singen mit. Wichtel und Weihnachtsmann horchen auf.*

**Santa:** Was für glockenhelle Stimmchen.
**Wichtel 1:** Das ist es! Könnt ihr euch auf die Schlitten verteilen und singen?
**Wichtel 2:** Damit die Rentiere losschweben?
**Alle Mäuse:** *(begeistert)* Ja!
**Santa:** Was für eine tolle Idee! Und von jetzt an macht ihr das jedes Weihnachten.

*Die Mäuse jubeln.*

**Wichtel 1:** Perfekt, dann verteilt euch auf die Schlitten.
**Wichtel 2:** Was würden wir nur ohne euch machen?

*Die Mäuse gehen singend ab. Weihnachtsmann und Wichtel gehen zufrieden hinterher (klatschen sich ab).*

Zeit: 5–7 Minuten

# Was macht der Weihnachtsmann den Rest des Jahres?

## Darum geht es

Zwei Moderator*innen gehen der Frage nach, was der Weihnachtsmann wohl den Rest des Jahres machen könnte. Dabei werden die verrücktesten Szenarien durchgespielt: Vielleicht macht er Sport, vielleicht verbringt er die Zeit in einem Luxushotel oder aber er versucht, die Weihnachtswichtel bei Laune zu halten. Am Schluss zeigen die Weihnachtswichtel ihm, wie man heutzutage tanzt, und im großen Finale tanzen alle Darsteller*innen mit.

## Das wird benötigt

**Kostüme:**

- ein Weihnachtsmann-Kostüm
- Wichtel: grüne Kleidung, vier Weihnachtsmützen
- Sohn und Tochter: Sommerurlaubskleidung
- Kellner*in: Schürze, weißes Hemd/Bluse, weißes Geschirrtuch

**Requisiten:**

- Textkarten *(für die Moderator*innen)*
- drei Klappstühle oder normale Stühle *(als Sonnenliegen)*
- zwei Becher
- zwei Mandarinen
- Handtuch
- Musik

*In jeder Szene kann ein anderes Kind den Weihnachtsmann spielen. Es muss nur schnell das Kostüm getauscht werden. Wichtel 3 und 4 sollen sich eine kurze, leichte Tanzeinlage ausdenken (zu Musik, die sie mögen), die sie dann in der letzten Szene synchron vortanzen.*

## Spieler*innen

Weihnachtsmann: ..........

Trainer*in: ..........

Kellner*in: ..........

Wichtel 1: ..........

Wichtel 2: ..........

Wichtel 3: ..........

Wichtel 4: ..........

Tochter: ..........

Sohn: ..........

Kind 1: ..........

Kind 2: ..........

# Was macht der Weihnachtsmann den Rest des Jahres?



*Zwei Moderatorenkinder (mit Textkarten in der Hand) stehen mittig auf der Bühne.*

Kind 1: Es gibt eine Frage, die sich wahrscheinlich schon sehr viele Kinder gestellt haben.

Kind 2: Was macht der Weihnachtsmann, wenn Weihnachten vorbei ist und er nichts mehr zu tun hat?

Kind 1: Eine gute Frage!

Kind 2: Wir werden versuchen, sie heute zu beantworten. Was könnte der Weihnachtsmann wohl mit seiner freien Zeit anfangen?

Kind 1: Vielleicht macht er Sport …

*Die beiden Moderatorenkinder gehen an die Seite und schauen von dort aus zu. Der Trainer und der Weihnachtsmann treten auf. Der Weihnachtsmann bewegt sich im Dauerlauf zur Bühnenmitte und läuft dort auf der Stelle weiter.*

Trainer: Hopp, hopp, los ein bisschen schneller!

Weihnachtsmann: Schneller kann ich nicht!

Trainer: Los, los, du bist zu dick geworden!

Weihnachtsmann: Wie lange denn noch?

Trainer: Du kannst jetzt aufhören!

Weihnachtsmann: Zum Glück!

Trainer: Jetzt musst du nämlich Liegestütze machen.

Weihnachtsmann: Oh nein!

*Der Weihnachtsmann geht in den Liegestütz.*

Trainer: Und eins, zwei, drei …

Weihnachtsmann: Ich kann nicht mehr!

*Zwei Wichtel treten auf.*

Wichtel: Weihnachtsmann, hier sind noch ein paar Briefe.

Trainer: Hey, ihr stört unser Trainingsprogramm.

Weihnachtsmann: Briefe? Die muss ich sofort lesen! Tut mir leid, Briefe der Kinder müssen immer sofort gelesen werden.

Wichtel 2: Hier steht: Lieber Weihnachtsmann, wie geht es dir? Ist dir langweilig ohne Weihnachten?

**Weihnachtsmann:** Hoho, langweilig, schön wär's! Mein Personal Trainer quält mich den ganzen Tag.
**Trainer:** Wie bitte?
**Weihnachtsmann:** Ach nichts, was steht im nächsten Brief?
**Wichtel 1:** Lieber Weihnachtsmann, eine wichtige Frage: Gibt es dich wirklich?

*Alle lachen, nur der Trainer nicht.*

**Trainer:** So, jetzt reicht's! Genug gefaulenzt. Es geht weiter! Dauerlauf, los! Halt! Stopp! Ihr Wichtel müsst auch dringend etwas für eure Figur tun. Los, los!

*Der Trainer jagt alle von der Bühne. Kind 1 und 2 gehen wieder in die Mitte der Bühne.*

**Kind 2:** Ich glaube nicht, dass Sport wirklich so sein Ding ist.
**Kind 1:** Da hast du wohl Recht. Wahrscheinlich wird er sich erst einmal richtig ausruhen wollen.
**Kind 2:** Vielleicht macht er ja mit seinen Kindern Urlaub in einem Wellnesshotel?

*Sie gehen wieder an die Seite und schauen von dort aus zu.*
*Weihnachtsmann tritt mit Sohn und Tochter auf.*
*Sie bringen drei Klappstühle mit und setzen sich hinein.*

**Weihnachtsmann:** Ach, ist das herrlich hier!
**Tochter und Sohn:** Ja, Papa!
**Tochter:** Toll, dass du dieses Luxus-Wellnesshotel gebucht hast.
**Weihnachtsmann:** Das habe ich mir verdient, Weihnachten war wieder mal sehr anstrengend dieses Jahr.
**Sohn:** Jetzt chillen wir erst mal, Papa.
**Weihnachtsmann:** Hohoho! *(schläft ein)*
**Tochter:** Kellner!

*Der Kellner tritt auf.*

**Kellner:** Ja?
**Tochter:** Holen Sie mir ein Wasser!
**Kellner:** Sehr wohl, Madame!

*Der Kellner holt es hastig.*

**Sohn:** Bringen Sie mir eine Mandarine.
**Kellner:** Sehr wohl, der Herr!

*Der Kellner holt sie hastig.*

Tochter: Holen Sie mir ein Handtuch!

*Der Kellner holt es hastig.*

Sohn: Ich möchte jetzt auch ein Wasser.

*Der Kellner holt es hastig.*

Tochter: ... und ich eine Mandarine.

*Der Kellner holt sie hastig.*

Sohn: Meine Liege ist ganz schmutzig.
Tochter: Meine auch!
Kellner: *(fällt um)* Ich kündige!

*Der Weihnachtsmann wacht auf.*

Weihnachtsmann: Was ist denn hier los?
Tochter: Papa, der Kellner macht nicht, was wir sagen.
Kellner: Ich kündige!
Weihnachtsmann: Kinder, habt ihr ihn herumgescheucht?
Sohn: Was? Neeeeiiiin!
Weihnachtsmann: Seid ehrlich!
Tochter und Sohn: Ja, haben wir.
Weihnachtsmann: Bitte, stehen Sie wieder auf! In der nächsten halben Stunde dürfen Sie mit mir chillen und meine Kinder bedienen uns, nicht wahr, ihr zwei?
Tochter und Sohn: *(betreten):* Ja, Papa!

*Tochter und Sohn stehen auf. Kellner setzt sich auf den Klappstuhl und rekelt sich zufrieden. Weihnachtsmann und Kellner nicken sich zu. Dann gehen alle ab und nehmen ihre Requisiten mit. Kind 1 und 2 kommen wieder in die Mitte der Bühne.*

Kind 1: Also, ich kann mir nicht vorstellen, dass der Weihnachtsmann sich gerne in Luxushotels aufhält. Und hat er überhaupt Kinder? Er bleibt bestimmt lieber am Nordpol bei seinen Weihnachtswichteln.
Kind 2: Vielleicht denkt er sich jeden Tag etwas Neues aus, um seine Wichtel bei Laune zu halten ...

*Sie gehen wieder an die Seite und schauen von dort aus zu.*
*Wichtel 3 und 4 treten auf.*

**Wichtel 3:** Was der Weihnachtsmann sich wohl heute für uns ausgedacht hat?
**Wichtel 4:** Seit Weihnachten vorbei ist, kommt er ja immer auf die verrücktesten Ideen.

*Der Weihnachtsmann tritt auf.*

**Weihnachtsmann:** Hohoho!
**Wichtel 3:** Hallo Weihnachtsmann.
**Wichtel 4:** Was machen wir heute?
**Weihnachtsmann:** Heute gebe ich euch Tanzunterricht.
**Wichtel:** Juhu!
**Weihnachtsmann:** *(tanzt vor)* Macht es mir nach:
1, 2, cha cha cha, 1, 2, cha cha cha
**Wichtel 3:** Das nennst du tanzen?
**Wichtel 4:** So tanzt nicht mal meine Oma!
**Weihnachtsmann:** Na, na, junger Wichtel! Dann probieren wir jetzt Walzer:
1, 2, 3, 1, 2, 3 …
**Wichtel:** Neeeeeiiin!
**Wichtel 3:** Jetzt pass mal auf: So tanzt man!

*Musik (z. B. Hip-Hop) wird eingespielt. Wichtel 3 und 4 tanzen einen angesagten Tanz vor.*
*Der Weihnachtsmann staunt mit offenem Mund.*

**Wichtel 4:** Komm, mach mit!

*Der Weihnachtsmann tanzt mit ihnen.*
*Alle Spieler und Spielerinnen kommen auf die Bühne und tanzen mit.*
*Die beiden Moderatorenkinder kommen dazu.*

**Kind 1 und 2:** *(rufen lachend)* Ja, das sieht ganz nach dem Weihnachtsmann aus!

**Zeit:** 5–7 Minuten

# Weihnachtswichtel im Stress

## Darum geht es

Die Wichtel verzweifeln an den Unmengen an Geschenken, die sie noch einpacken sollen. Bald stellt sich heraus: Der Weihnachtsmann (Santa) war im „Shoppingwahn" und hat es dieses Jahr mit den Geschenken ganz schön übertrieben. Die Wichtel bringen ihn wieder zur Vernunft und erklären ihm, worum es an Weihnachten eigentlich geht.

*Wenn die Wichtel jeweils zu zweit ein Geschenk einpacken, sollen sie sich vorher genau überlegen und üben, wer welchen Schritt ausführt.*

*Man kann auch auf die Requisiten verzichten und stattdessen die Wichtel an ihren Plätzen nur pantomimisch Geschenke einpacken lassen: Dazu denkt sich jede Gruppe eine* ***Drei-Bewegungen-Choreografie*** *aus und führt sie zu der Musik aus.*

## Das wird benötigt

**Kostüme:**

- ein Weihnachtsmann-Kostüm
- Wichtel: neun Weihnachtsmützen, farblich einheitliche Kleidung

**Requisiten:**

- vier leere Kartons
- 4-mal zugeschnittenes Geschenkpapier
- einige Klebestreifen

**Bühnenbild:**

- Weihnachts-Dekoration an den Bühnenwänden
- einige verpackte Päckchen, die hinter den Wichtelpärchen liegen
- zwei Tische und eine kleine Bank *(Die Tische und die Bank sind so auf der Bühne verteilt, dass die ganze Bühne genutzt wird. Ein Wichtelpärchen wird auf dem Boden platziert.)*

**Musik:**

- stimmungsvoller Weihnachtssong, z. B.: „Jingle Bell Rock" von Bobby Helms

## Spieler*innen

Santa: ..........................

Wichtel 1: ..........................

Wichtel 2: ..........................

Wichtel 3: ..........................

Wichtel 4: ..........................

Wichtel 5: ..........................

Wichtel 6: ..........................

Wichtel 7: ..........................

Wichtel 8: ..........................

Wichtel 9: ..........................

# Weihnachtswichtel im Stress

*Die Weihnachtswichtel 1 bis 8 sind in 2er-Gruppen auf der Bühne verteilt (zwei an einem Tisch, zwei knien vor einer Bank, zwei sitzen auf dem Boden, wieder zwei an einem Tisch) und verpacken fröhlich Geschenke zu Musik (z. B.: „Jingle Bell Rock").*
*Wichtel 1 hat dabei schlechte Laune.*

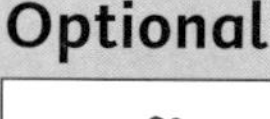

Wichtel 1: Leute, seit wie vielen Stunden packen wir schon Geschenke ein?

*Die Wichtel hören auf, Geschenke einzupacken, und schauen Wichtel 1 an.*

Wichtel 2: Motz doch nicht wieder nur rum.
Wichtel 3: Das ist nun mal dein Job als Weihnachtswichtel.
Wichtel 1: Früher haben wir die Geschenke selbst gebaut und nicht nur eingepackt.
Wichtel 4: Das, was die Kinder heutzutage haben wollen, können wir aber nicht bauen.
Wichtel 5: Zu viel Elektronik. Wer soll sich damit auskennen?
Wichtel 6: Einpacken macht doch auch Spaß!
Wichtel 7: Du solltest dabei gute Laune haben.
Wichtel 8: Ja, so wie wir.

*Alle bis auf Wichtel 1 singen und verpacken dabei weiter:*
*We wish you a Merry Christmas, we wish you a Merry Christmas,*
*we wish you a Merry Christmas and a happy new year!*

Wichtel 1: *(äfft sie genervt nach)* We wish you a Merry Christmas!

*Die Wichtel hören auf, Geschenke einzupacken, und schauen Wichtel 1 an.*

Wichtel 8: Du kannst uns nicht die Laune vermiesen.
Wichtel 2: Wir freuen uns nämlich auf Weihnachten.
Wichtel 6: Das schönste Fest im Jahr!
Wichtel 7: Macht es dir denn keinen Spaß, den Kindern eine Freude zu machen?

*Wichtel 9 tritt auf.*

Wichtel 9: Leute, ihr seid viel zu langsam!
Wichtel 3: Wieso? Wir sind doch gleich fertig.

**Wichtel 4:** Ja, sieh doch, wie viel wir geschafft haben!
**Wichtel 9:** Fertig? Draußen warten noch 50 Schlittenladungen voller Geschenke auf uns.

*Die Wichtel sind geschockt.*

**Wichtel 5:** Wieso denn so viele?
**Wichtel 9:** Keine Ahnung!
**Wichtel 1:** *(wirft Weihnachtsmütze auf den Boden)*
Okay, das reicht. Wo ist Santa? Ich kündige!
**Wichtel 8:** *(hebt sie auf und setzt sie ihm wieder auf)*
Jetzt beruhig dich erst mal!
**Wichtel 5:** Also 50 Schlittenladungen sind ganz schön viel.
**Wichtel 2:** Das wären – lass mich nachrechnen – noch 250 Stunden Geschenke einpacken.

*Die Wichtel sind entsetzt. reagieren/Improvisieren: Oh nein! …)*

**Wichtel 1:** Habt ihr es jetzt endlich auch kapiert? Ich hole Santa!

*Wichtel 1 geht ab.*

**Wichtel 3:** Er hat nicht unrecht.
**Wichtel 4:** Ja, wir sollten schon mit Santa sprechen.
**Wichtel 6:** Um es rechtzeitig bis Weihnachten zu schaffen, müssten wir Tag und Nacht arbeiten.
**Wichtel 9:** Tag und Nacht!
**Wichtel 7:** Wann sollen wir denn schlafen?
**Wichtel 5:** Wann sollen wir alles schmücken?
**Wichtel 8:** Und wann sollen wir Plätzchen backen?

*Wichtel 1 kommt mit dem Weihnachtsmann zurück.
Die Wichtel reden durcheinander auf ihn ein.*

**Santa:** Ho, ho, ho, jetzt mal langsam, liebe Wichtel.
**Wichtel 3:** Santa, was hast du dir dabei gedacht?
**Wichtel 4:** Hast du dir mal überlegt, dass wir so viele Geschenke gar nicht einpacken können?
**Santa:** Aber wieso denn nicht? Ihr macht das doch immer so toll und so flink.
**Wichtel 2:** Sonst haben wir aber auch immer nur ein Drittel davon verpackt.
**Santa:** Nun ja, es ist vielleicht ein bisschen viel geworden …
**Wichtel 1:** Ein bisschen? Du hast total übertrieben!

Santa: Vielleicht hätte ich die Pakete mit den neusten Smartphones, den neusten Spielekonsolen und den neusten Hoverboards weglassen sollen.
Wichtel 5: Was ist nur in dich gefahren?
Wichtel 6: So kennen wir dich ja gar nicht.
Santa: Ich weiß, es tut mir leid, ich konnte nicht widerstehen.
Wichtel 7: Du konntest nicht widerstehen?
Santa: Überall gab es Last-minute-Aktionen, die besten Deals, Schnäppchen, Blitzangebote, Black Friday, 50% Rabatt.
Wichtel 9: Okay, hör schon auf!
Wichtel 8: Was machen wir denn jetzt?
Wichtel 2: Erst einmal bringen wir ihn zur Vernunft!
Santa, worum geht es beim Weihnachtsfest überhaupt?
Santa: Es geht darum, die Geschenke pünktlich unter dem Christbaum abzuliefern.
Wichtel 4: Schön und gut, aber was ist das Wichtigste am Weihnachtsfest?
Santa: … dass alles schön verpackt ist, aber so, dass man es noch leicht aufbekommt.
Wichtel 1: Das darf doch nicht wahr sein! Hast du wirklich vergessen, worum es an Weihnachten eigentlich geht?
Wichtel 5: Wir müssen wohl nachhelfen.
Wichtel 3: Weihnachten ist das Fest der Liebe.
Die Familie teilt schöne Momente und genießt die Zeit zusammen.
Santa: Ach ja, genau!
Wichtel 6: Wir feiern schließlich Jesu Geburt.
Santa: Oh ja!
Wichtel 7: Geschenke gehören dazu, aber sie sind doch nicht das Wichtigste.
Santa: Stimmt, da habt ihr irgendwie recht!
Wichtel 8: Und jetzt bringst du die 50 Schlittenladungen wieder zurück, wir haben nämlich genug Geschenke.
Santa: Oh nein, das schaffe ich nicht allein.
Wichtel 1: Ich helfe dir, wenn du mich im nächsten Jahr wieder Weihnachtsgeschenke selbst bauen lässt.
Santa: Ja, natürlich!
Wichtel 1: Dann ziehe ich meine Kündigung zurück.
Santa: Welche Kündigung?
Wichtel 1: Schon gut, lass uns losfahren.
Wichtel 2: Und jetzt ist Schluss mit schlechter Laune, okay?

*Wichtel 1 grinst und nickt.*

**Wichtel 5:** Während ihr weg seid, fangen wir an, zu schmücken.

**Wichtel 4:** Und zu backen.

*Die Wichtel freuen sich.*

**Santa:** Ihr seid einfach die Besten. Frohe Weihnachten euch allen!

*Herzliche Gruppenumarmung, alle wünschen sich „Frohe Weihnachten".*

# Die Wunschmaschine

## Darum geht es

In der Pause finden Kinder auf dem Schulhof eine Wunschmaschine. Bald jedoch klingelt es und sie haben keine Zeit, sich ihre neue Entdeckung genauer anzusehen. Um herauszufinden, was es mit der Maschine auf sich hat, verlassen alle unter einem Vorwand den Unterricht und treffen sich auf dem Schulhof wieder. Auch der Hausmeister hat Interesse an der Maschine und rätselt mit. Die Kinder finden heraus, dass es darum geht, anderen etwas zu wünschen und nicht sich selbst. Daraufhin wünschen sie sich gegenseitig genau das, was das jeweilige Kind braucht (Mut, Selbstvertrauen ...).

*Die Kleidung der Lehrkraft sollte sich deutlich von der der Kinder absetzen.*

## Das wird benötigt

**Kostüme:**

- Kleidung für den Hausmeister *(z. B. grauer Kittel)*
- Kleidung für die Lehrkraft

**Requisiten:**

- ein großer, leerer, bemalter Pappkarton *(Aufschrift: WUNSCHMASCHINE)*
- Brille oder Brillengestell

**Sound:**

- Pausenklingel

## Spieler*innen

Kind 1: ..................................

Kind 2: ..................................

Kind 3: ..................................

Kind 4: ..................................

Kind 5: ..................................

Kind 6: ..................................

Lehrer*in: ..................................

Hausmeister*in: ..................................

# Die Wunschmaschine

*Die Kinder sind auf dem Schulhof. In einer Ecke steht die Wunschmaschine.*

Kind 1: Kommt, wir spielen Fangen.
Kind 2: *(zu Kind 3)* Du fängst!

*Die Kinder spielen.*

Kind 4: Halt! Stopp! Schaut mal, was ist das denn?

*Kind 4 zieht den Karton in die Mitte der Bühne.*

Kind 5: Hier steht was drauf: W- U- N- SCH …
Kind 6: „Wunschmaschine“ steht da.
Kind 5: Danke, Superhirn!
Kind 2: Eine Wunschmaschine, ich werde verrückt!
Kind 1: Wie beim Sams.
Kind 3: Jetzt werden alle unsere Wünsche wahr!
Kind 6: Das ist doch bloß ein Pappkarton.
Kind 4: Und wenn nicht?

*Es klingelt.*

Alle: Mist!
Kind 1: Wir treffen uns in der zweiten Pause hier.
Alle: Bis später!

*Die Kinder gehen ab. Der Hausmeister kommt.*

Hausmeister: Wer lässt denn seinen Müll einfach hier liegen?
Was steht da? Wunschmaschine. Schön wär's!

*Er setzt sich hinein.*

Hausmeister: Ich wünsche mir …

*Kind 4 tritt auf.*

Kind 4: Herr Senden, was machen Sie denn in der Wunschmaschine?

*Hausmeister steigt hastig aus.*

**Hausmeister:** Äh, ich wollte den Müll hier beseitigen. Warum bist du nicht im Unterricht?
**Kind 4:** Ich musste aufs Klo.
**Hausmeister:** Aha! Die Toiletten sind da hinten.
**Kind 4:** Ich kann die Wunschmaschine wegräumen, Sie können ruhig gehen.
**Hausmeister:** Na gut. Wirf sie bitte in den blauen Container.
**Kind 4:** Ja, mache ich sofort. Oh, mein Schnürsenkel!

*Kind 4 tut so, als ob es sich den Schuh zubindet, bis der Hausmeister weg ist.*

**Kind 4:** Endlich ist er weg.

*Kind 4 setzt sich in die Wunschmaschine.*

**Kind 4:** Ich wünsche mir …
**Kind 2:** Hey, was machst du hier?

*Kind 4 steigt wieder aus der Maschine.*

**Kind 4:** Und was machst du hier?
**Kind 2:** Ich musste zur Toilette.
**Kind 4:** Ich auch!

*Kind 3 tritt auf.*

**Kind 3:** Wieso seid ihr nicht im Unterricht?
**Kind 2:** Das könnten wir dich auch fragen.

*Die restlichen Kinder treten auf.*

**Kind 3:** Habt ihr auch eine Ausrede gefunden?
**Kind 1:** Ja, wir müssen seine Brille suchen.

*Kind 5 zeigt seine Brille. Die Kinder lachen und klatschen sich ab.*

**Kind 2:** Gut, du warst zuerst da. Du darfst anfangen.
**Kind 4:** *(steigt wieder in die Kiste)* Okay! Ich wünsche mir …
**Lehrkraft:** Das darf ja wohl nicht wahr sein! Wieso seid ihr hier?

*Die Kinder nennen durcheinander ihre Ausreden.*

Lehrkraft: Ab mit euch in eure Klassen!
Kind 5: Aber wir wollen die Wunschmaschine ausprobieren.
Kind 6: Nur ganz kurz, bitte, bitte, bitte!
Lehrkraft: Eine Wunschmaschine?
Hat sie denn schon einen Wunsch erfüllt?
Kind 1: Nein, wir haben sie ja noch nicht ausprobiert.
Kind 5: Bitte, dürfen wir sie testen?
Kind 3: Nur ganz kurz!
Kind 6: Nur, um zu sehen, ob sie funktioniert.
Lehrkraft: Na gut, ausnahmsweise! Ihr habt 3 Minuten!
Kind 4: Ich wünsche mir die neuste Spielkonsole.

*Die Kinder warten gespannt*

Kind 1: Es passiert ja gar nichts.
Kind 2: Warte, lass mich probieren!

*Kind 4 steigt aus, Kind 2 steigt in die Kiste.*

Kind 2: Ich wünsche mir ein Handy.

*Die Kinder warten gespannt.*

Kind 6: Also doch nur ein Pappkarton.

*Kind 2 steigt enttäuscht aus der Kiste.*

Lehrkraft: Lest doch mal, was hier steht.
Kind 5: Oh Mann! Viel zu viele Wörter. *(zu Kind 6)* Lies du!
Kind 6: Der Wunsch ist nicht für dich gedacht.
Überlege, was dein Gegenüber glücklich macht!
Kinder: *(reagieren)* Ah, okay! …
Kind 3: Jetzt bin ich dran! *(steigt in die Kiste)* Ich wünsche mir, äh, nein, ich wünsche dir … *(überlegt und schaut Kind 1 an)* ein langes Leben.
Kind 1: Das ist ja sehr nett, aber woher sollen wir jetzt wissen, ob die Maschine funktioniert?

*Der Hausmeister tritt auf.*

**Hausmeister:** Was macht ihr alle hier? Und wieso ist der Müll immer noch nicht weg?
**Lehrkraft:** Herr Senden, bitte haben Sie ein wenig Geduld, die Kinder probieren gerade etwas aus.
**Hausmeister:** Da bin ich aber gespannt.
**Kind 5:** Lass mich mal! Ich wünsche dir Gesundheit.
**Kind 6:** Ich bin gesund. Es funktioniert!

*Alle lachen.*

**Hausmeister:** Jetzt will ich auch mal. Ich wünsche mir einen Tag frei!
**Kind 2:** Nein, so funktioniert das nicht.
**Kind 4:** Sie müssen jemand anderem etwas wünschen.
**Hausmeister:** Oh, hm, da fällt mir gerade nichts ein.

*Der Hausmeister bleibt in der Kiste sitzen.*

**Kind 1:** Zum Beispiel so *(zu Kind 6)*: Ich wünsche dir, dass du heute keinen Streit mehr hast.
**Kind 3:** Oder so *(zu Kind 2)*: Ich wünsche dir, dass du dich mit deiner besten Freundin wieder verträgst.
**Kind 6:** Oder so: *(zu Kind 5)* Ich wünsche dir, dass du an dich glaubst und dich traust, vor der Klasse zu sprechen.
**Kind 5:** *(zu Kind 2)* Ich wünsche dir, dass du nicht mehr traurig bist, weil du eine schlechte Note im Test hattest.
**Kind 4:** *(zu Kind 1)* Ich wünsche dir, dass du weißt, dass ich dich niemals im Stich lassen werde.
**Lehrkraft:** Die Maschine ist super. Wisst ihr was? Ich nehme sie mit und dann bekommt sie jede Klasse im Wechsel für eine Woche.
**Kinder:** Jaaaa!
**Lehrkraft:** Jetzt schnell in eure Klassen. Und Herr Senden, Sie müssten bitte aussteigen.
**Hausmeister:** Moment! Ich weiß jetzt, wie es geht: Ich wünsche euch heute hausaufgabenfrei.
**Kinder:** Jaaaa!
**Lehrkraft:** *(zwinkert)* Und ich kümmere mich darum, dass dieser Wunsch wahr wird.

*Jubel, alle gehen ab.*

Zeit: 5–7 Minuten

# Die Osterhasen-Rasselbande

## Darum geht es

Die Osterhasen haben in einer Straße vergessen, Eier zu verstecken, und so müssen die kleinen Hasenschüler*innen ran. Sie dürfen zum ersten Mal Ostereier verstecken und sind schon ganz aufgeregt. Die beiden Lehrkräfte verzweifeln, denn die Kleinen sind ganz schön chaotisch. Dann stellt sich auch noch heraus, dass das goldene Ei der Oberhäsin unter die Ostereier geraten ist. Nach erfolgreicher Suche freut sich die Rasselbande auf ein Stück Möhrenkuchen zur Belohnung.

## Das wird benötigt

**Kostüme:**

- 12-mal Hasenohren *(aus Pappe, z. B. an Stirnbändern befestigt)*
- möglichst braune Kleidung

**Requisiten:**

- acht Handys
- acht Körbe
- darin goldene und andersfarbige Eier *(bemalte Plastikeier)*

**Bühnenbild:**

- zwei kleine Bänke *(als Parkbänke)*
- mehrere Büsche *(auf große Pappen gemalt)*

**Musik:**

- Zirkusmusik
- Instrumentalmusik *(z. B. aus dem Soundtrack von „Black Cat – White Cat")*

*Die Kleidung der Hasenlehrer*innen soll sich von der Kleidung der Kinder abheben. Der Straßenname ist im Text nicht ausgeschrieben, damit Sie eine beliebige bekannte Straße aus der Gegend Ihrer Schule einsetzen können.*

## Spieler*innen

Lehrer*in 1: ..............................

Lehrer*in 2: ..............................

Kind 1: ..............................

Kind 2: ..............................

Kind 3: ..............................

Kind 4: ..............................

Kind 5: ..............................

Kind 6: ..............................

Kind 7: ..............................

Kind 8: ..............................

Hase 1: ..............................

Hase 2: ..............................

# Die Osterhasen-Rasselbande

1

*Im Park. Die beiden Lehrkräfte stehen links und rechts von den Kindern. Die Kinder stehen mit ihren Körben in einem Pulk in der Mitte (keine Reihe).*

**Lehrkraft 1:** Liebe kleine Osterhäsinnen und Osterhasen! Ihr wisst, warum ihr heute hier seid?
**Alle Kinder:** Jaaaaaa!
**Kind 1:** Wir dürfen Eier verstecken.
**Kind 2:** Für die Kinder aus der ..........................................straße.
**Kind 3:** … weil alle großen Osterhasen schon unterwegs sind.
**Kind 4:** Und weil ihr die Kinder aus der ..........................................straße vergessen habt.
**Lehrkraft 1:** Wir haben sie nicht vergessen.
**Lehrkraft 2:** Sie sind uns nur bei der Planung durchgerutscht.
**Kind 5:** Ist das nicht dasselbe?
**Lehrkraft 1:** Keine unnötigen Fragen, bitte!
**Lehrkraft 2:** Seid ihr alle mit GPS ausgestattet?
**Alle Kinder:** Jaaaa!

*Sie halten ihre Handys hoch.*

**Lehrkraft 1:** Wisst ihr, wie ihr über GPS unsere geprüften sicheren Verstecke findet?
**Alle Kinder:** Nein!

*Lehrkraft 1 macht verzweifelte Geste.*

**Lehrkraft 2:** Okay, vergesst die Handys. Wir kriegen das auch so hin.

*Die Kinder stecken enttäuscht die Handys in die Hosentasche. Sie schauen Lehrkraft 2 an, sobald sie spricht.*

**Lehrkraft 2:** Passt gut auf! Ihr habt im ersten Gebüsch vor der kleinen Mauer viele Möglichkeiten.

*Die Kinder drehen immer den Kopf, zu der Lehrkraft, die gerade spricht.*

**Lehrkraft 1:** Danach haltet ihr euch links und versteckt Eier unter den drei Parkbänken.

Lehrkraft 2: Dann nehmt ihr euch auf dem Spielplatz die Lok und das Spielehäuschen vor.
Lehrkraft 1: Habt ihr euch das gemerkt?

*Die Kinder schütteln ratlos den Kopf.*
*Lehrkraft 1 macht eine verzweifelte Geste.*

Lehrkraft 2: Geht einfach los und versteckt die Eier.
Kind 6: Wo wir wollen?
Lehrkraft 2: Ja!
Kinder: Jaaaaaaa!

*Die Kinder verstecken zu lebhafter Instrumentalmusik die Eier.*
*Sie laufen wild durcheinander, machen ab und zu Selfies.*

Kind 7: Wir sind fertig!
Kind 8: Das war gar nicht schwer.
Kind 5: Sollen wir noch mehr Eier verstecken?
Lehrkraft 1: Nein, danke, das ist nicht nötig.

*Zwei Hasen kommen auf die Bühne gerannt.*

Hase 1: Oh gut, dass wir euch erwischen!
Hase 2: Wir müssen unbedingt in die Körbe schauen.
Hase 1: Das goldene Ei ist aus Versehen in einem der Körbe gelandet.
Kind 1: Was? Das goldene Ei der Oberhäsin?
Kind 2: Das darf doch nur in der Vitrine liegen.
Kind 3: Wieso ist es nicht dort?
Hase 2: Es wurde poliert und ist dann wohl mit einem der goldenen Ostereier verwechselt worden.
Kind 4: Wir haben die Eier aber alle schon versteckt.
Beide Hasen: Oh nein!
Hase 1: Ist euch denn das goldene Ei nicht aufgefallen?
Kind 6: Da waren viele goldene Ostereier.
Hase 2: Aber das Ei muss viel schwerer gewesen sein.
Kind 7: Ich hatte ein ziemlich schweres Ei. Ich dachte, es wäre gefüllt.
Hase 1: Womit denn, mit Blei?
Hase 2: Wie konntest du das nicht merken?
Lehrkraft 2: Moment mal, ganz ruhig!
Lehrkraft 1: Die Kinder können nichts dafür.
Kind 8: Genau, das ist doch nicht unsere Schuld!

**Hase 2:** Tut mir leid, aber wenn die Oberhäsin das mitkriegt, sind wir geliefert.
**Hase 1:** So was von geliefert!
**Lehrkraft 1:** Weißt du denn, wo du das goldene Ei versteckt hast?
**Kind 7:** *(überlegt)* Nein!
**Kind 5:** Dann suchen wir es jetzt eben alle zusammen.
**Lehrkraft 2:** Aber diesmal bitte mit System!
**Lehrkraft 1:** Ihr drei linksrum in die Büsche.
**Lehrkraft 2:** Und ihr drei vorwärts marsch über den mittleren Weg mit Blick auf die Bäume.
**Lehrkraft 1:** Ihr drei durchsucht am besten alle Objekte im östlichen Teil des Parks.
**Lehrkraft 2:** Verstanden?

*Die Kinder schütteln ratlos den Kopf.*

**Lehrkraft 2:** Ich geb's auf.
**Lehrkraft 1:** Los, sucht das Ei!
**Kinder:** Jaaaaaa!

*Drei-Bewegungen-Choreografie zu Instrumentalmusik mit Lauf- und Suchbewegungen.*

**Kind 1:** Ich kann nicht mehr!

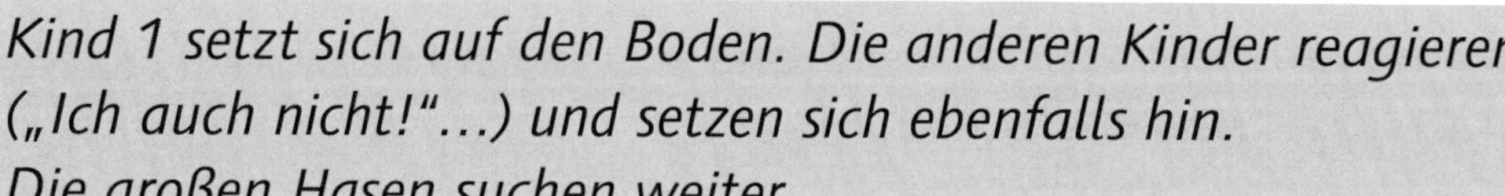

*Kind 1 setzt sich auf den Boden. Die anderen Kinder reagieren („Ich auch nicht!"…) und setzen sich ebenfalls hin. Die großen Hasen suchen weiter.*

**Kind 2:** Es sind einfach zu viele.
**Kind 3:** Wenn du nur wüsstest, wo du das Ei hingelegt hast.
**Kind 7:** Tut mir leid, keine Ahnung!
**Kind 4:** Moment mal, hast du vielleicht ein Selfie mit dem goldenen Ei gemacht?
**Kind 7:** Ja, das habe ich!
Darauf können wir bestimmt das Versteck sehen.

*Kind 7 holt sein Handy raus, große und kleine Hasen drängeln sich gespannt um es herum.*

**Kind 7:** Oh nein, mein Akku ist leer.
**Die anderen:** Oh nein!
**Kind 6:** Du hast mir deine Selfies doch geschickt. Schau mal!
**Kind 7:** Das da hat sich schwerer angefühlt. Jetzt weiß ich, wo es ist.

*Kind 7 geht zum Versteck.*

**Kind 7:** Ich hab's gefunden!

*Kind 7 hält das Ei hoch. Alle Kinder stürmen auf Kind 7 zu. (improvisieren: „Gib her! Zeig mal!" ...) Das Ei wandert von einem zum anderen. Die Kinder bestaunen das Ei. Das letzte Kind gibt Hase 1 das Ei.*

**Hase 1:** Vielen Dank! Das kommt jetzt ganz schnell wieder in die Vitrine.
**Hase 2:** Los, vielleicht hat die Oberhäsin noch nichts gemerkt. Tschüss Kinder!

*Sie gehen ab.*

**Alle Kinder:** Tschüss!
**Lehrkraft 2:** Toll habt ihr das gemacht!
**Lehrkraft 1:** Als Dankeschön gibt es in der Schulkantine Möhrenkuchen und ...
**Alle Kinder:** Jaaaaaaaaa, Möhrenkuchen!

*Die Kinder stürmen von der Bühne. Die Lehrkräfte rennen verzweifelt hinterher.*

**Lehrkraft 2:** *(ruft)* Halt! In 2er-Reihen, bitte!
**Lehrkraft 1:** *(ruft)* In 2er-Reihen!

Zeit: 15–20 Minuten

# Der Gangster-Osterhase

## Darum geht es

Der Osterhasen-Vater möchte das jährliche Eierverstecken seinem Sohn übertragen. Dieser hat darauf aber gar keine Lust. Er möchte den Schulkindern lieber Streiche spielen. Die Tochter des Osterhasen dagegen würde gerne Ostereier verstecken, darf die Eier aber nur bemalen. Die Kinder in der Schule möchten den Osterhasen erwischen, der ihnen das Gemüse aus den Brotdosen geklaut oder auf dem Schulhof etwas an die Wand gesprayt hat. Am Ostersonntag treffen alle auf der großen Wiese zusammen. Nach der Aussöhnung machen Schul- und Hasenkinder dem Osterhasen-Vater klar, dass mit alten Traditionen gebrochen werden muss und dass jedes seiner Kinder das machen sollte, was es von ganzem Herzen möchte.

*Die Kleidung der Lehrerin sollte sich von der Kleidung der Kinder abheben.*

## Das wird benötigt

**Kostüme:**
- ✦ 3-mal Hasenohren und -stummelschwänzchen
- ✦ lässige Kleidung für die Osterhasen-Geschwister
- ✦ konservative Kleidung für den Osterhasen-Vater
- ✦ Kleidung für die Lehrerin

**Requisiten:**
- ✦ Rucksäcke mit Brotdosen
- ✦ Zeitschrift
- ✦ Sprühdose
- ✦ bemalte/besprühte Plastikeier

**Bühnenbild:**
- ✦ vier kleine Bänke, die zu jeder Szene umgestellt werden

**Musik:**
- ✦ „The Pink Panther Theme" *(für eine kurze Eierversteck-Choreografie)*
- ✦ Umbaumusik *(während die Bänke nach jeder Szene umgestellt werden)*

## Spieler*innen

Taro: ..........

Jamal: ..........

Elif: ..........

Jan: ..........

Ben: ..........

Shari: ..........

Fatih: ..........

Lamina: ..........

Lehrerin (Fr. Epp): ..........

Osterhasen-Familie:

Vater: ..........

Sohn (Nick): ..........

Tochter (Sophia): ..........

Maya: ..........

Emma: ..........

Noah: ..........

Isa: ..........

# Der Gangster-Osterhase

**1. Szene: Schulklasse** *(Bänke stehen hintereinander)*

*Die Kinder kommen aus der Pause. Fr. Epp schließt ihnen (pantomimisch) die Klasse auf. Die Kinder setzen sich auf die Bänke. Ihre Rucksäcke sind schon dort. Nick, der Hase, hat sich in der Klasse versteckt.*

**Fr. Epp:** Fangt schon einmal an, zu frühstücken. Ich komme gleich.

*Sie holen ihre Brotdosen heraus.*

**Taro:** Das darf doch nicht wahr sein! Schon wieder sind die Möhren aus meiner Brotdose verschwunden.
**Lamina:** Und in meiner fehlen die Gurken.
**Jan:** Der Salat auf meinem Brot sieht angeknabbert aus. Igitt!

*Alle untersuchen ihre Brotdosen. In allen fehlt Gemüse.*

**Shari:** Meine Paprika ist weg!
**Fatih:** Mein Vater hatte mir extra kleine Tomaten eingepackt.
**Emma:** Ich habe mich so auf meine Pastinaken gefreut!
**Jamal:** Im Ernst jetzt?
**Elif:** Wer ist das bloß?
**Ben:** Letzte Woche war auch jemand an unseren Brotdosen, als wir in der Pause waren.
**Maya:** Ein Essensdieb ist in der Schule unterwegs.
**Noah:** Besser gesagt, ein Gemüsedieb.
**Isa:** Komisch! Die Klasse war doch abgeschlossen! Es kann eigentlich keiner hereingekommen sein.
**Jamal:** Vielleicht ist der Dieb noch hier im Raum?
**Elif:** Genau, vielleicht hat er sich vor der Pause schon hineingeschlichen.

*Der Osterhase (Nick) hüpft schnell aus der Klasse.*

**Shari:** Ich werd verrückt. Das ist der Osterhase!
**Mehrere Kinder:** Hey, bleib stehen!

*Die Kinder rennen bis zur Tür. Die Lehrerin tritt auf und kommt ihnen entgegen.*

**Fr. Epp:** Halt! Stopp! Wo wollt ihr hin?
**Lamina:** Und weg ist er!
**Taro:** Das war der Osterhase! Er ist eben gerade weggehüpft.
**Fr. Epp:** Ja, sicher!
**Kinder:** Doch, es ist wahr!
**Jan:** Haben Sie ihn nicht gesehen?
**Fr. Epp:** Nein, ich habe keinen Osterhasen gesehen. Und jetzt alle wieder auf ihre Plätze, aber hopp hopp! Ihr habt noch 5 Minuten Zeit zum Frühstücken.

*Fr. Epp beschäftigt sich mit Korrekturen.*
*Die Kinder unterhalten sich beim Frühstücken.*

**Fatih:** Nie glauben einem die Erwachsenen.
**Emma:** Es ist immer dasselbe!
**Ben:** Glaubt ihr, er kommt wieder?
**Maya:** Ich weiß nicht. Vielleicht versucht er es das nächste Mal in einer anderen Klasse.
**Noah:** Irgendwie sah er nicht aus wie ein Osterhase.
**Isa:** Wie meinst du das?
**Noah:** Na, die Klamotten. Die sahen so gar nicht osterhasenmäßig aus.
**Jamal:** Wie zieht sich denn ein Osterhase an?
**Noah:** Keine Ahnung!
**Elif:** Auf jeden Fall brauchen wir einen Plan.
**Shari:** Ja, wer eine Idee hat, schreibt sie in den Chat.
**Alle anderen:** Alles klar!
**Fr. Epp:** Packt eure Brotdosen weg, wir gehen jetzt in den Musikraum und üben für unsere Osteraufführung.

*Alle gehen ab.*

**2. Szene: Zu Hause bei der Osterhasenfamilie** *(Bänke im kleinen Halbkreis)*

*Nick kommt hereingesprintet und lässt sich auf eine Bank fallen.*
*Sophia sitzt auf einer anderen Bank und blättert in einer Zeitschrift.*

**Nick:** Puh, das war knapp!
**Sophia:** Hast du es schon wieder getan? Wie peinlich!
**Nick:** Was willst du von mir? Ich bin ein Gangster!
**Sophia:** Mach dich nicht lächerlich, du bist kein Gangster.
**Nick:** Oh doch, ich habe alles Leckere aus ihren Brotdosen geklaut und aufgegessen. Wenn das mal nicht supercool ist.

Sophia: Glaub mir, kleiner Bruder, das ist nicht cool.
Nick: Du bist so langweilig!
Sophia: Nur weil du glaubst, dass deine Freunde das cool finden.
Nick: Ach, du verstehst das nicht.

*Der Osterhasen-Vater kommt auf die Bühne.*

Vater: Mein lieber Sohn, du weißt, bald ist es so weit. Dieses Jahr wirst du zum ersten Mal die Eier verstecken und ich darf mich ausruhen.
Nick: Papa, du weißt, dass ich darauf keine Lust habe.
Sophia: *(klappt die Zeitschrift zu)* Also, ich wäre dafür zu haben.
Vater: Du wirst die Eier verstecken, mein Sohn, und ich werde in der Frühlingssonne liegen.
Nick: Ich habe an Ostern eigentlich etwas anderes vor.
Sophia: Ich hätte Zeit.
Vater: Ich werde einen Möhrencocktail schlürfen und die Füße hochlegen.
Nick: Es ist wirklich ungünstig. Roger und Lenny wollten mich am Ostersonntag abholen.
Sophia: Mein Terminkalender ist an Ostern übrigens komplett frei.
Vater: Vielleicht werde ich auch ein Buch lesen, warum nicht?
Nick: Papa, hörst du uns eigentlich zu?
Vater: Wie? Natürlich! Also auf geht's, Junge, ich bereite dich jetzt auf alles vor.
Sophia: Wieso ihn, warum nicht mich? Warum darf ich an Ostern nicht die Eier verstecken?
Vater: Weil diese Tradition nun mal an die Männer der Familie weitergegeben wird, mein Schatz. Du darfst weiter die Eier bemalen.
Sophia: *(genervt)* Was für eine doofe Tradition.

*Sie geht ab.*

Vater: Papperlapapp! Mein Sohn, heute zeige ich dir die besten Verstecke. Die hat schon dein Großvater mir gezeigt und dein Urgroßvater deinem Großvater und …
Nick: Ja, ja, ja! Das hast du mir schon 100-mal erzählt. Und ich habe dir schon 100-mal gesagt, dass ich keine Eier verstecken möchte.
Vater: Komm schon, es wird dir Spaß machen! Hopp, hopp!

*Der Vater geht ab, der Sohn geht genervt hinterher.*

### 3. Szene: Schulklasse *(Bänke stehen hintereinander)*

*Fr. Epp schreibt (pantomimisch) etwas an die Tafel.*
*Die Kinder sitzen an ihren Plätzen. Ihre Rucksäcke liegen neben den Bänken.*

**Elif:** Wir sind uns also alle einig, ja? Wir stellen ihm eine Falle.
**Taro:** Lasst gleich eure Brotdosen offen.
**Shari:** Wir beide bleiben in der Pause heimlich hier.
**Fr. Epp:** Würdet ihr bitte aufhören, zu quatschen, und zur Tafel schauen?
**Lamina:** Ich werde verrückt, schaut mal aus dem Fenster!

*Alle stürmen zu den (imaginären) Fenstern. (Blick zum Publikum)*

**Fr. Epp:** Sofort wieder hinsetzen!
**Jan:** Schauen Sie mal, ein Riesengraffiti auf dem Schulhof.
**Fr. Epp:** Was?

*Fr. Epp geht auch zum Fenster.*

**Mehrere Kinder:** Wie cool!
**Fatih:** Ein überdimensionales Osterei!
**Emma:** Das sieht toll aus.
**Jamal:** So schön bunt.
**Ben:** Richtig kunstvoll.
**Fr. Epp:** Das darf doch nicht wahr sein!
**Maya:** Es muss gerade passiert sein.
**Noah:** Das war der Osterhase!
**Isa:** Vielleicht ist er noch auf dem Schulhof.
**Fr. Epp:** Osterhase! Das waren irgendwelche Sprayer!
Ich muss das sofort der Schulleitung melden.
Ich bin gleich wieder da.
**Taro:** Er ist ja richtig begabt.
**Emma:** Ja, aber erwischen werden wir ihn heute wohl nicht mehr.
**Jamal:** Nein, der wird schon über alle Berge sein.
**Ben:** Ob er uns noch einmal besuchen wird?
**Lamina:** Du meinst beklauen wird?
**Maya:** Ach komm, das bisschen Gemüse.
**Jan:** Ich glaube nicht, dass er sich jetzt noch einmal hertraut.
**Fatih:** An einem Tag können wir ihn ganz sicher stellen.
**Shari:** Wann denn?
**Fatih:** Na, am Ostersonntag.
**Elif:** Lasst uns am Ostersonntag morgens früh auf der großen Wiese treffen.

Noah: Morgens früh … Muss das sein?
Isa: Ja klar, wann sonst versteckt er die Ostereier?
Elif: Also, wer ist dabei?

*Alle melden sich.*

Shari: Super, dann treffen wir uns am Ostersonntag um 7 Uhr.

**4. Szene: Zu Hause bei der Osterhasenfamilie** *(Bänke im kleinen Halbkreis)*

*Nick kommt mit einer Sprühdose herein.*

Sophia: Was hast du jetzt schon wieder angestellt?
Nick: Wieso angestellt? Ich habe ein Kunstwerk erschaffen.
Sophia: Ach, diesmal hast du nichts geklaut?
Nick: Roger und Lenny fanden das mit dem Klauen nicht so cool.
Sophia: Ach ne!
Nick: Sie meinten, ich müsste meinen eigenen Style finden.
Sophia: Gar nicht so dumm, deine Freunde. Und was ist dein Style?
Nick: Ich bin Graffiti-Künstler.

*Sophia lacht sich kaputt.*

Nick: Wieso nimmt mich eigentlich niemand ernst?
Sophia: Entschuldigung! Hast du ein Foto von deinem … ähem … Kunstwerk?
Nick: Ja, hier!

*Er zeigt ihr ein Foto auf seinem Handy. Sophia ist beeindruckt.*

Sophia: Du bist ja wirklich begabt! Woher kannst du das?
Nick: Das kommt einfach so aus mir raus.
Sophia: Wahnsinn! Du bist richtig gut!
Nick: Danke!
Sophia: Aber du kannst doch nicht irgendwelche Flächen besprühen. Das ist illegal.
Nick: Ich bin eben ein Gangster.
Sophia: Ne, lass das mal mit dem Gangster.

*Der Osterhasen-Vater kommt auf die Bühne.*

**Vater:** Meine lieben Kinder! Ostersonntag naht.
*(zu Sophia)* Sind alle Eier fertig bemalt?
*(zu Nick)* Bist du die Verstecke noch einmal durchgegangen?

**Beide:** Jaaa, Papa!

**Vater:** Bald ist der große Tag.

*Er geht ab.*

**Nick:** Er versteht es einfach nicht. Ich will nicht in seine Fußstapfen treten.

**Sophia:** Weißt du was, kleiner Bruder? Ich habe da eine Idee!

*Sie tuscheln und klatschen sich ab.*

**5. Szene: Ostersonntag auf der Wiese** *(Bänke stehen an den Bühnenwänden)*

*Die Kinder stehen im Pulk auf der Bühne.*

**Noah:** Oh Mann, nicht mal meine Eltern sind schon aufgestanden.

**Isa:** Wer steht am Ostersonntag auch schon so früh auf?

**Maya:** Ich könnte noch in meinem Bett liegen und schlafen.

**Shari:** Jetzt jammert nicht rum, wir haben abgestimmt.

**Taro:** Wir sollten uns verstecken.

**Lamina:** Hier kann man sich so schlecht verstecken.

**Elif:** Los, wir versuchen es einfach.

*Sie verstecken sich/machen sich klein.*
*Die Osterhasen-Tochter in Hose und Oberteil ihres Bruders schleicht auf die Bühne und versteckt Eier. (Sie macht zur Musik „The Pink Panther Theme" eine kleine Choreografie.) Die Kinder schauen es sich eine Weile an.*

**Jamal:** 1, 2, 3 … Los!

*Sie stürmen aus ihren „Verstecken" und umzingeln sie im Halbkreis.*

**Mehrere Kinder:** Haben wir dich!

**Sophia:** Hey! Was wollt ihr von mir?

**Jan:** Wir wollten dich erwischen!

**Sophia:** Beim Eierverstecken?

**Fatih:** Eigentlich beim Klauen.

**Emma:** In der Schule.

**Sophia:** Ich klaue aber nicht.

**Jamal:** Gib zu, dass du uns 2-mal in der Klasse bestohlen hast.
**Sophia:** Nö, ich habe noch nie etwas geklaut.
**Ben:** Gib es einfach zu!
**Taro:** Oder gibt es hier irgendwo noch einen anderen Osterhasen?

*Nick ruft aus dem Off, während er (in den Klamotten seiner Schwester) auf die Bühne läuft.*

**Nick:** Ich habe hier noch ein paar richtig krasse Graffiti-Eier, die musst du unbedingt auch noch verstecken. Oh!
**Lamina:** Ich werd verrückt, noch ein Osterhase!

*Die Kinder schließen ihn in den Kreis mit ein.*

**Jan:** Wer von euch war es?
**Shari:** Er war es, er hat dieselben Klamotten an wie der Osterhase, der aus der Klasse gehüpft ist.

*Die Kinder reden auf sie ein (improvisieren, zum Beispiel: „Was sollte das?"/ „Entschuldige dich mal."/„Und jetzt tust du so, als seist du ein braver Osterhase.")*

**Nick:** Stopp! Hört auf! Ich war es. Meine Schwester hat nur meine Klamotten an.
**Noah:** Wieso das denn?
**Fatih:** Ist doch egal. Warum hast du unser Essen genommen?
**Nick:** Es tut mir leid! Es war eine blöde Idee. Ich wollte cool sein. Seid nicht böse.
**Maya:** Ist schon gut.
**Isa:** Jeder macht mal einen Fehler.
**Emma:** Zeig mal die Ostereier.
**Jamal:** Wow, sehen die toll aus.
**Elif:** Hast du die bemalt?
**Nick:** Besprüht.

*Die Kinder staunen.*

**Ben:** Du warst das auch auf dem Schulhof, oder?
**Nick:** Ja!
**Noah:** Du hast Glück, unserer Schulleiterin gefällt es.

*Der Osterhasen-Vater kommt auf die Bühne.*

Isa: Noch ein Osterhase!

Vater: Was ist denn hier los? Ich wollte einmal nachsehen, ob du alle guten Verstecke benutzt hast. *(zu Sophia)* Was machst du denn hier?

*Er nimmt den Kindern das Osterei aus der Hand.*

Vater: Und was ist das denn für eine Abscheulichkeit? *(zu Sophia)* Weißt du nicht mehr, wie man Eier bemalt?

Maya: Das ist nicht abscheulich, das ist cool!

Taro: Ja, so schöne Ostereier habe ich noch nie gesehen.

Vater: Warum habt ihr die Kleidung getauscht? Jetzt verstehe ich es. Ihr habt mich ausgetrickst. Du bist zum Eierverstecken aus dem Haus gegangen.

Sophia: Ja Papa, weil ich das schon immer tun wollte!

Nick: Und ich habe die Eier besprüht.

Vater: Aber, aber, die Tradition! Mein Sohn muss die Eier verstecken. Meine Tochter muss sie bemalen!

Lamina: Warum das denn?

Jan: Ihre Tochter hat die Eier super versteckt.

Vater: Aber mein Urgroßvater hat schon meinem Großvater ...

Sophia & Nick: Oooh Papa!

Shari: Starten Sie doch einfach eine neue Tradition.

Vater: Das kann ich nicht!

Fatih: Natürlich können Sie das!

Emma: Sie müssen doch gar nichts tun.

Jamal: Ihre Kinder machen doch schon alles.

Elif: Und sie machen es doch richtig gut, oder?

Vater: Aber Ostereier mit Graffiti ...

Ben: Die Eier sind super.

Maya: Sie können doch nach Hause gehen und sich einfach noch mal ins Bett legen.

Vater: Ja, das wäre schön.

Noah: Und später zum Beispiel einen Möhrencocktail schlürfen.

Vater: Du kannst ja Gedanken lesen.

Nick: Wir haben hier alles im Griff, Papa!

Sophia: Vertrau uns doch einfach!

Isa: Los, geben Sie sich einen Ruck!

Vater: Na, gut! Ihr habt Recht! Warum nicht mal etwas Neues ausprobieren?

*Die Kinder und Osterhasen-Kinder jubeln.*

**Vater:** Ich gehe jetzt nach Hause und ihr Kinder solltet eigentlich noch gar nicht hier sein.

**Taro:** Wir gehen auch gleich nach Hause.

**Lamina:** Wir wollen ja später noch Eier suchen.

**Jan:** Zum Glück wissen wir ja schon, wo sie sind.

**Sophia:** Denkt ihr! Ich werde sie gleich alle noch mal verstecken.

**Nick:** Ich muss auch los, meine Freunde holen mich gleich ab.

**Fatih:** Stopp! Halt! Bevor wir gehen, brauchen wir noch etwas.

**Mehrere Kinder:** Was denn?

**Fatih:** Ein Selfie mit den Osterhasen für unsere Lehrerin.

*Alle kommen für das Selfie zusammen. Cheese!*
*Schlusspose*

Zeit: 15–20 Minuten

# Auf Klassenfahrt

## Darum geht es

Das vierte Schuljahr fährt auf Klassenfahrt. In der Jugendherberge angekommen, spielen sich die Jungen und Mädchen gegenseitig Streiche. Als ein Kind bei der Nachtwanderung einen mysteriösen Brief entdeckt, sind die Streitigkeiten vergessen und die Mädchen und Jungen gehen dem Geheimnis gemeinsam auf den Grund.

## Das wird benötigt

**Kostüme:**

- Schlafanzüge
- Kleidung für die Lehrerin und den Lehrer

**Requisiten:**

- Handys
- Beutel, um Bettlaken zu verstauen
- Reisetaschen/kleine Koffer
- Tüte mit Brief
- Taschenlampen
- Tasche von Herrn Resul mit Inhalt
- Filzstifte, Zahnpasta
- CD, CD-Player
- Bettlaken, Kissen
- Tasche mit Süßigkeiten
- Schild „Am nächsten Morgen"

**Bühnenbild:**

- vier bis acht kleine Bänke, die zu jeder Szene passend umgestellt werden und Betten/Möbel/Bäume darstellen sollen
- für die Waldszene: Baumkronen, auf Pappe gemalt, die mit Haken oder Klettband an den hochkant gestellten Bänken befestigt werden *(optional)*

**Musik:**

- Sprachaufnahme *(siehe 6. Szene)*
- Schlaflied *(siehe Ende 3. Szene)*
- Umbaumusik

*Überlegen Sie mit den Kindern vor der jeweiligen Szenenprobe gemeinsam, wie die Bänke in der Anfangsszene, im Mädchen-/Jungenzimmer, im Wald, in Herrn Resuls Zimmer und im Aufenthaltsraum stehen sollen.*

## Spieler*innen

Amina: ..........

Mia: ..........

Lea: ..........

Aylin: ..........

Sophia: ..........

Sarah: ..........

Frau Klatt: ..........

Lukas: ..........

Tom: ..........

Kerem: ..........

Adrian: ..........

Malik: ..........

Jona: ..........

Herr Resul: ..........

# Auf Klassenfahrt



**1. Szene: Die Kinder sitzen/stehen/liegen einzeln auf der Bühne.**

*Jedes Kind führt bis zu seinem Telefongespräch pantomimisch eine Aktion aus (Däumchen drehen/fernsehen/chatten/schlafen/lesen …).*
*Sobald das Telefongespräch des Kindes beginnt, hört es mit der Aktion auf und telefoniert.*
*Wenn das nächste Paar anfängt, zu telefonieren, telefoniert es pantomimisch weiter.*
*Handyklingeln.*

Amina: Hallo Mia!
Mia: Hi Amina! Weißt du, was morgen für ein Tag ist? Morgen fahren wir auf Klassenfahrt!
Amina: Jaaaa! Der beste Tag meines Lebens! Nur noch 16 Stunden, 23 Minuten und, warte, 10 Sekunden bis zur Abfahrt.
Mia: Nimmst du ein Kuscheltier mit?
Amina: Eins? Machst du Witze? Ich habe den halben Koffer voll.

Tom: Boa, ich freu mich so!
Lukas: Ich bin so aufgeregt, ich glaube, mir wird schlecht!
Tom: Da soll es einen Pool geben.
Lukas: Nein, das hast du falsch verstanden.
Tom: Ist das kein Fünf-Sterne Hotel?
Lukas: Wie kommst du darauf? Das ist eine Jugendherberge.
Tom: Ach so!

Sophia: Wo liegt eigentlich die Eifel?
Sarah: Weißt du das nicht? Wir sprechen doch seit zwei Wochen über nichts anderes in der Schule.
Sophia: Sag doch einfach mal.
Sarah: Die liegt irgendwo in Deutschland halt.
Sophia: Ja toll, jetzt bin ich schlauer.

Aylin: Lass uns im Bus nebeneinandersitzen.
Lea: Auf jeden Fall! Ganz hinten am besten.
Aylin: Und wenn wir in der Jugendherberge sind, spielen wir den Jungs richtig viele Streiche!
Lea: Genau! In der Nacht, wenn sie friedlich schlafen.
Aylin: *(kichert)* Ich schreibe es sofort in unseren Mädels-Chat.

Jona: Das wird krass! Ich freu mich voll!
Kerem: Wir werden das coolste Zimmer sein!
Jona: Das ist schon mal sicher!
Kerem: Und wir werden den Mädchen ganz viele Streiche spielen.

**Jona:** Ja, auf jeden Fall! Los, schreib das an alle Jungs!
**Kerem:** Hast du eigentlich schon deinen Koffer gepackt?
**Jona:** Koffer? Mist, ich muss auflegen!

*Alle legen gleichzeitig auf, stecken das Handy ein und gehen ab.*
*Umbaumusik: Bänke für das Mädchen-/Jungenzimmer anordnen.*

### 2. Szene: Im Mädchenzimmer

*Die Mädchen kommen mit ihren Taschen auf die Bühne.*

**Sarah:** Endlich sind wir aus dem Bus raus!
**Aylin:** Wir sind das Löwenzimmer, steht an der Tür.
**Sophia:** Leute, guckt mal!
**Lea:** Boa, was für ein Riesenzimmer!
**Amina:** Ein Minibalkon, wie süß!
**Sophia:** Und schaut mal, wie viele Fenster!
**Alle (außer Aylin):** Ich schlafe hier! *(legen die Hand auf Bett/Bank)*
**Aylin:** Beruhigt euch, wir sind hier nur drei Tage.
**Mia:** So und nun zum wichtigsten Thema dieser Klassenfahrt: Welche Streiche spielen wir den Jungs?

*Alle reden durcheinander.*

**Frau Klatt:** Mädels, kommt mit in den Speisesaal, es gibt Mittagessen.
**Lea:** Wir klären das später.

*Die Mädchen gehen ab (und ziehen hinter der Bühne für die nächste Szene schnell Schlafanzüge über ihre Kleidung.) Die Jungen kommen auf die Bühne und positionieren sich. Die Taschen der Mädchen, die noch auf der Bühne liegen, sind nun die Taschen der Jungen.*

### Im Jungenzimmer

**Tom:** Was, nur so ein kleines Zimmer?
**Malik:** Und dann heißt es Dinozimmer.
**Jona:** Wetten, die Mädchen haben ein größeres?
**Kerem:** Mit Sicherheit!
**Adrian:** Ob es hier Motten gibt? Also, ich lasse meine Klamotten im Koffer. Iiih! Was ist das denn? Eine Spinne?
**Jona:** Jetzt schalt mal einen Gang runter.

Adrian: Oh, das war nur ein Fussel.
Lukas: Habt ihr auch Taschenlampen mit?
*(wackelt mit der Taschenlampe)* Jetzt ist Partytime!
Tom: Das machen wir, wenn es dunkel wird.
Malik: Genau und dann erzählen wir uns Horrorgeschichten.
Kerem: Ja und danach spielen wir den Mädchen einen Streich.
Lukas: Ja, auf jeden Fall!

*Sie reden durcheinander. Es klopft.*

Alle: Ja bitte!
Herr Resul: So, habt ihr schon die Betten bezogen?
Alle: Äh nein, machen wir später.
Herr Resul: Da bin ich aber gespannt! Kommt mit, es gibt jetzt Mittagessen.
Und heute Nachmittag machen wir einen Ausflug.

*Sie freuen sich, gehen ab und fragen dabei ihren Lehrer über den Ausflug aus.*
*Umbaumusik: Die Taschen werden von der Bühne geräumt und die Bänke mit Bettlaken und Kissen zu Betten gemacht. (Hinter der Bühne ziehen die Jungen schnell Schlafanzüge über.)*
*Die Mädchen kommen in Schlafanzügen auf die Bühne und positionieren sich.*

**3. Szene: Abends im Mädchenzimmer**

Sarah: Hört zu: Beim Ausflug heute habe ich die Jungs belauscht.
Sophia: Erzähl!
Sarah: Sie wollen heute Nacht in unser Zimmer kommen und uns Streiche spielen.
Alle: Boa!
Amina: Ich weiß, was wir machen! Passt auf …

*Alle stecken die Köpfe zusammen, flüstern und kichern und legen sich dann schlafen (auf Bänke mit Kissen und Bettlaken).*
*Die Jungen sind in Schlafanzügen und stehen mit Filzstiften und Zahnpasta in der Hand vor dem Mädchenzimmer (zum Beispiel seitlich auf dem Bühnenaufgang vor imaginärer Tür).*

Adrian: Also, ich sage, wir malen als Erstes Schnurrbärte auf ihre Gesichter.
Kerem: Nein, wir schmieren zuerst die Zahnpasta unter die Türklinke.
Tom: Und danach legen wir ihre Hände in warmes Wasser,
dann müssen sie pinkeln.
Lukas: Hast du warmes Wasser mit?
Tom: Äh, nein!
Jona: Schnurrbärte zuerst!
Malik: Los, kommt!

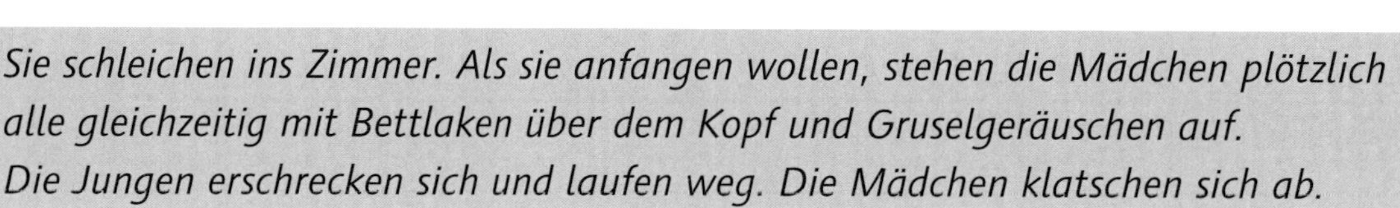

*Sie schleichen ins Zimmer. Als sie anfangen wollen, stehen die Mädchen plötzlich alle gleichzeitig mit Bettlaken über dem Kopf und Gruselgeräuschen auf. Die Jungen erschrecken sich und laufen weg. Die Mädchen klatschen sich ab.*

Lea: Denen haben wir es gegeben.
Amina: Ja, aber ich wette, die kommen wieder.
Mia: Sollen sie nur kommen!
Aylin: Wir könnten einen Eimer voll Wasser oben auf die Tür stellen.
Sophia: Ja und wenn sie reinkommen …
Sarah: … platsch!
Amina: Das funktioniert doch nur im Film.

*Es klopft.*

Alle: Ja bitte!
Lukas: Wir sind's, habt ihr auch das Klopfen gehört?
Lea: Ja, ja, ihr wollt uns veräppeln.
Adrian: Nein! *(Es klopft.)* Da! Schon wieder!
Mia: Das war Tom.
Tom: Wie kann ich das gewesen sein?

*Es klopft wieder.*

Amina: Oh, Mamma mia, ich glaube, das ist ein Geist.

*Es klopft wieder.*

Lea: Seid ihr das wirklich nicht?
Jungen: Nein!
Herr Resul: Was ist denn hier los?
Frau Klatt: Wisst ihr, wie spät es ist?
Herr Resul: Los, ab in euer Zimmer! Na, wird's bald!

*Die Jungen gehen und klatschen sich leise ab.*

Aylin: Frau Klatt, hier gibt es Geister.
Mia: Ja, die klopfen immer.
Frau Klatt: Es gibt keine Geister, glaubt mir.
Sophia: Wirklich nicht?
Frau Klatt: Wirklich nicht und jetzt gute Nacht!
Alle: Gute Nacht, Frau Klatt.
Sarah: Also, ich möchte jetzt nicht alleine schlafen.
Alle: Ich auch nicht!

*Sie setzen sich alle nebeneinander auf die Bänke und schlafen im Sitzen.*
*Ein Schlaflied wird kurz eingespielt.*



**4. Szene: Im Mädchenzimmer**

*Ein Kind läuft mit Schild „Am nächsten Morgen" über die Bühne.*
*Die Jungen kommen hereingestürmt. Die Mädchen schrecken auf.*

Jona: Hey, habt ihr es schon gehört? Wir machen heute eine Nachtwanderung.
Lea: Echt, wann denn?
Lukas: Na, in der Nacht natürlich.
Adrian: Irgendwann nach dem Abendessen, wenn es dunkel ist.
Sarah: Cool!
Kerem: Ich hoffe, ihr traut euch, mitzukommen.
Ich mein ja nur, wegen der Klopfgeister.
Tom: Könnte ja echt gefährlich werden.
Malik: Vielleicht bleibt ihr lieber hier.
Aylin: Haha, gebt es doch zu. Das wart ihr! Ihr habt uns reingelegt.

*Die Jungen lachen sich kaputt und gehen.*

Lukas: *(beim Rausgehen)* Jetzt steht's eins zu eins.
Sophia: Ich habe doch gewusst, dass sie es waren!
Aylin: Das muss gerächt werden!
Amina: Auf der Nachtwanderung erschrecken wir sie.
Lea: Ja, lasst uns Bettlaken mitnehmen.
Sarah: Ja und dann locken wir sie in einen Hinterhalt.
Mia: Genau! Dann kommen nämlich die Gespenster.

*Die Mädchen klatschen sich ab.*

Sarah: Los, kommt! Macht euch fertig! Gleich gibt es Frühstück!

*Die Mädchen gehen ab.*
*Umbaumusik: Kurze Umbaupause, in der alle die Schlafanzüge ausziehen können.*
*Bettlaken und Kissen werden von der Bühne geräumt.*
*Die Bänke werden hochkant hingestellt, sie sollen Bäume andeuten.*

**5. Szene: Im Wald**

*Alle haben Taschenlampen.*
*Die Mädchen gehen dicht hinter Herrn Resul und Frau Klatt.*
*Die Jungen schlendern mit Abstand hinterher.*

Fr. Klatt: Immer schön zusammenbleiben!
Herr Resul: Wir wollen uns im Dunkeln nicht verlieren.
Lea: Die Jungs sind uns aber zu lahm!
Kerem: Das nennt man chillen.
Adrian: Muss ja nicht jeder nachts so hektisch durch den Wald rennen wie ihr.

*Mia und zwei andere machen den „Jungs-Gang".*

Mia: So gehen die Jungs immer.

*Die Mädchen lachen sich kaputt.*

Lukas: Ha-ha!
Tom: Wisst ihr, wie ihr geht? So!

*Tom macht den „Mädchen-Gang". Die Jungen lachen sich kaputt.*

Sarah: Dürfen wir bitte ein bisschen vorlaufen?
Jona: Ja, wir möchten auch allein weiter.
Frau Klatt: Na gut, aber nur von hier bis zu den Bäumen da hinten.
Alle: Ja klar!

*Frau Klatt und Herr Resul bleiben im Hintergrund und unterhalten sich pantomimisch.*

Amina: Schnell weiter, wir müssen noch die Bettlaken überziehen.
Malik: Kommt, wir verkleiden uns da hinter dem Baum!

*Die Mädchen gehen nach rechts und die Jungen nach links zu den hochkant stehenden Bänken. Sie holen die Bettlaken aus den Beuteln heraus.*

Adrian: Was ist das hier?

*Er holt einen Brief in einer Plastiktüte aus einem Baumloch (hinter einer Bank).*

Malik: Ein Brief!
Jona: In einer Plastiktüte?
Tom: Vielleicht liegt er schon sehr lange in dem Baumloch.
Kerem: Mach auf, was steht da?

Adrian: Der ist aber nicht an uns adressiert.
Tom: Der ist an niemanden adressiert.
Lukas: Mach schon auf!

*Adrian holt den Brief aus der Tüte und öffnet ihn.*

Adrian: Kannst du das lesen?
Tom: Eine Geheimschrift!
Jona: Leute, kommt mal her!
Sophia: Das geht jetzt nicht.
Kerem: Jetzt kommt schon, wir haben hier was gefunden.

*Die Mädchen hören auf, sich zu verkleiden, und kommen.*

Aylin: Was denn?
Adrian: Ein Brief in Geheimschrift.
Mädchen: Zeig!

*Die Mädchen reichen ihn hin und her.*

Mia: Probier es doch mal rückwärts.
Sophia: Ja, das ist es, hört zu: Die Beute ist in der Jugendherberge versteckt. Hinter dem Schrank in Zimmer Nummer 7.
Amina: Was für eine Beute?
Mia: Die von einem Dieb.
Malik: Kommt, wir zeigen den Brief den Lehrern. *(ruft)* Herr Resul!
Alle anderen: Nein, psst!
Aylin: Nicht, dann geben sie ihn nur der Polizei und das war's.
Lea: Wir müssen selbst herausfinden, was passiert ist.
Sarah: Ja, wie echte Detektive.

*Alle sind begeistert. Frau Klatt und Herr Resul kommen.*
*Die Kinder verstecken schnell den Brief. Reichen ihn hinter ihren Rücken immer weiter.*

Frau Klatt: Na, was habt ihr denn Wichtiges zu besprechen?
Kerem: Ach nichts!
Kinder: Gar nichts!
Mia: Wir würden nur gerne wieder zurück in die Jugendherberge gehen.
Frau Klatt: Was jetzt schon?
Malik: Ja, uns ist kalt.
Sarah: Und irgendwie ist es hier unheimlich.
Herr Resul: Na gut, dann kehren wir um.

*Er geht mit Frau Klatt ab.*
*(Hinter der Bühne zieht Herr Resul einen Schlafanzug über.)*
*Amina hält die anderen Kinder zurück.*

**Amina:** Ich habe mir heute Morgen den Raumplan im Flur angeschaut und ich weiß, welches Zimmer die Nummer 7 hat.
**Lukas:** Welches denn?
**Sophia:** Jetzt spann uns nicht auf die Folter!
**Amina:** Das Zimmer von Herrn Resul.
**Alle anderen:** Oh nein!
**Sarah:** Es hilft nichts! Wenn wir zurück sind, treffen wir uns vor seinem Zimmer.
**Alle:** Ja, alles klar! Bis gleich!

**6. Szene: Vor dem Zimmer von Herrn Resul** *(seitlich auf der Bühne, imaginäre Tür)*

*Umbaumusik: Die Bänke werden für Herrn Resuls Zimmer angeordnet.*
*Herr Resul legt sich im Schlafanzug mit Kissen und Bettlaken auf eine Bank.*

**Malik:** Du zuerst!
**Jona:** Wieso ich? Geh du doch vor!
**Malik:** Ich trau mich nicht.
**Mia:** Ihr Angsthasen, ich geh vor!
**Lea:** Los, hinterher!

*Herr Resul liegt in seinem Bett, schnarcht ab und zu und dreht sich hin und wieder um.*
*Die Kinder schleichen ins Zimmer. Sie gehen zum Bett, werden mutiger,*
*machen Selfies mit ihm.*
*Plötzlich schnarcht er laut und die Kinder schrecken zurück.*

**Sarah:** Hier ist der Schrank.
**Sophia:** Mach ihn auf.
**Tom:** Psst, leise!
**Mia:** Was ist das denn? Eine XXXXL-Unterhose?
**Jona:** Nein, das ist eine Tasche.
**Mia:** Hier ist nichts, außer den Klamotten von Herrn Resul.
**Lukas:** Mist!
**Lea:** Wir sollten doch hinter dem Schrank gucken, nicht im Schrank.
**Alle:** Ach ja!

*Sie holen hinter dem Schrank (Bank hochkant gestellt) eine CD hervor.*

**Malik:** Eine CD.
**Adrian:** Was soll das denn? Das ist doch keine Beute.
**Jona:** Und außerdem, wer hört heutzutage noch CDs?
**Mia:** Vielleicht sind da Staatsgeheimnisse vom Geheimdienst drauf.
**Sophia:** Ja, topsecret!
**Kerem:** Ich glaube, du guckst zu viel Fernsehen.
**Amina:** Kann doch sein … oder ein weiterer Hinweis.
**Tom:** Wir müssen die CD auf jeden Fall abspielen.
**Sophia:** Aber wo? Wer hat einen CD-Player?
**Sarah:** Frau Klatt hat einen in ihrem Zimmer.
**Lukas:** Oh nein, ich will jetzt nicht auch noch in das Zimmer von Frau Klatt gehen.
**Amina:** Sie hat den CD-Spieler für die Abschiedsparty morgen Abend mitgebracht. Dann stellt sie ihn auch in den Gemeinschaftsraum.
**Lea:** Wir sagen ihr einfach morgen früh, dass wir etwas proben wollen.
**Malik:** Genau, und wir fragen sie, ob wir den CD-Player haben können.
**Adrian:** Was denn proben?
**Sophia:** Einen Tanz oder so.
**Tom:** Ich tanz doch nichts vor, ich bin doch nicht verrückt.
**Mia:** Boah! Wir tun doch nur so, damit wir ungestört sind.
**Aylin:** Ja und dann können wir uns in Ruhe die Botschaft anhören.
**Lukas:** Morgen früh geht es nicht, wir machen doch morgen den ganzen Tag lang einen Ausflug ins Museum.
**Sarah:** Dann halt direkt nach dem Abendessen.
**Kerem:** Äh, könnten wir endlich aus Herrn Resuls Zimmer verschwinden, bitte?

*Herr Resul ist dabei, aufzuwachen.*

**Herr Resul:** Was ist denn da so laut?

*Ein paar Kinder rennen zu ihm und singen ihm ein Schlaflied. Er schläft wieder ein. Die Kinder gehen dabei rückwärts Richtung Bühnenabgang.*

**Lukas:** Puh, nichts wie weg!

*Die Kinder gehen schnell ab.*
*Umbaumusik: Herr Resul geht mit Kissen und Bettlaken ab.*
*Bänke werden für den Aufenthaltsraum angeordnet.*

## 7. Szene: Im Aufenthaltsraum

*Frau Klatt und die Kinder sind mit dem CD-Player auf der Bühne.*

Frau Klatt: Da bin ich ja mal gespannt auf euren Tanz.
Amina: Der wird super!
Frau Klatt: Gut, ihr könnt hier 20 Minuten proben.
Sophia: Und bitte nicht reinkommen!
Tom: Ja, wir brauchen unsere Privatsphäre.
Frau Klatt: Okay, dann bis später!

*Sie geht ab.*

Mia: Los, leg die CD ein.
Adrian: Immer mit der Ruhe!

*(Einspielung:)*
*„Es war zu unsicher, die Beute in Zimmer Nr. 7 zu verstecken. Hör genau zu: Die Beute ist im Gemeinschaftsraum der Jugendherberge. Stell dich dort unter das Fenster und gehe fünf Schritte geradeaus, dann fünf Schritte nach links. Dort unter der Bank liegt sie versteckt."*

Malik: Schnell unter das Fenster!

*Die Kinder folgen der Anweisung. Sie zählen dabei laut die Schritte.*

Aylin: Ich habe was gefunden!

*Sie öffnen eine Tasche voller Süßigkeiten.*

Alle: Häää?
Jona: Wieso sind da Smarties drin und so?
Sarah: Das sind ja nur Süßigkeiten!
Kerem: Hat da jemand einen Süßwarenladen überfallen?
Mia: Das ist gar keine Beute.
Tom: Das waren Frau Klatt und Herr Resul.
Amina: Drei Tage und Nächte umsonst geackert.
Adrian: Es war eigentlich nur eine Nacht und dieser Abend.
Sophia: Ist doch egal, die haben uns total veräppelt.
Lea: … wenn ich Herrn Resul und Frau Klatt in die Finger kriege …

*Frau Klatt und Herr Resul kommen auf die Bühne.*

**Herr Resul:** Na, habt ihr das Rätsel gelöst?
**Malik:** Herr Resul, Frau Klatt, was haben Sie getan?

*Die Kinder regen sich auf.*

**Frau Klatt:** Beruhigt euch und hört mir zu!

*Die Kinder regen sich weiter auf.*

**Frau Klatt:** Wenn es so furchtbar schrecklich ist, dass ihr Süßigkeiten gefunden habt, dann nehmen wir die am besten wieder mit, Herr Resul.
**Alle:** Nein, nein!
**Lukas:** So war das nicht gemeint.
**Frau Klatt:** Dann hört mir endlich zu!
**Alle:** Okay!
**Frau Klatt:** Wir wollten eine richtig spannende, schöne Schatzsuche für euch machen. Und das war sie doch, oder?
**Alle:** Ja, stimmt!
**Herr Resul:** Und wir haben gemerkt, dass die Jungen und die Mädchen sich gegenseitig immer geärgert haben.
**Frau Klatt:** Deswegen wollten wir euch dazu bringen, zusammenzuarbeiten. Und das habt ihr doch, oder?
**Alle:** Jaaa!
**Herr Resul:** Und war das denn so schrecklich?
**Alle:** Nein!
**Frau Klatt:** Heute ist der letzte Abend unserer wunderbaren Klassenfahrt. Also lasst uns keine schlechte Laune haben, sondern feiern, was das Zeug hält!

*Alle jubeln und sind begeistert.*
*Musik: feiern, tanzen und lachen.*

Zeit: 5–7 Minuten

# Abschieds-Talk

## Darum geht es

In einer Talkshow sprechen Viertklässler*innen über ihre Erwartungen, Ängste und Vorstellungen vom nächsten Schuljahr an ihrer neuen Schule. Ein Kind erzählt von seinem Albtraum: ein Vormittag in der Horrorschule. Zum Glück folgt danach die Vision eines anderen Kindes, das eine genaue Vorstellung von seiner Traumschule hat. Nach dieser Szene verabschiedet sich der*die Moderator*in und wünscht allen viel Glück für die weiterführende Schule.

*Auf die leeren Linien im Text S. 76 und 77 tragen die entsprechenden Schüler*innen den selbst ausgedachten Namen ihrer Figur und den Namen der Talkshow ein.*

## Das wird benötigt

**Kostüme:**
- Kostüm für Moderator*in
- zwei Vampir-Kostüme für Frau Schreck und Herrn Gräber
- Gespenster-Kostüm *(Bettlaken)*
- Kostüm für Herrn Lachmann *(z. B. Shorts, Hawaii-Hemd)*

**Requisiten:**
- zwei Töpfe mit Suppenkellen
- mehrere Teller
- schwarzes, großes Tuch
- Kescher
- Rucksäcke oder Schulranzen mit Heften und Bleistiften für alle Kinder

**Bühnenbild:**
- fünf Stühle für die Talkrunde
- vier kleine Bänke

**Außerdem:**
- Mikrofon für Moderator*in
- Schulklingel-Sound

## Spieler*innen:

Moderator*in: ..........

Kind 1: ..........

Kind 2: ..........

Kind 3: ..........

Kind 4: ..........

Kind 5: ..........

Kind 6: ..........

Kind 7: ..........

Kind 8: ..........

Kind 9: ..........

Schulkind 1: ..........

Schulkind 2: ..........

Schulkind 3: ..........

Schulkind 4: ..........

# Abschieds-Talk

*Auf einer Seite der Bühne, vorn am Bühnenrand, sind 5 Stühle im Halbkreis angeordnet, auf denen Talkgäste und Moderatoren und Moderatorinnen sitzen. In der Mitte der Bühne muss noch genügend Platz für das Spiel der beiden Szenen (Horrorschule und Traumschule) sein. Auf der Bühne sind 2 Bänke hintereinander (Klassenzimmer) aufgestellt und eine Bank, auf der 2 Töpfe mit Suppenkellen und Teller stehen. Ganz vorn am Bühnenrand wird ein Sarg angedeutet (Bank, über der ein schwarzes Tuch hängt).*

**Talkrunde mit vier Schulkindern**

**Moderator:** Hallo, liebe Viertklässlerinnen und Viertklässler!
Willkommen in meiner Talkrunde. Stellt euch doch mal vor!

*Die Kinder stellen sich vor.*

**Moderator:** Ihr werdet ja bald die Schule wechseln. Freut ihr euch schon?

*Improvisieren: Alle bis auf Schulkind 1 freuen sich.*

**Moderator:** Du freust dich nicht? Warum?
**Schulkind 1:** Um ehrlich zu sein, habe ich große Angst vor der neuen Schule.
Und dann hatte ich diese Nacht auch noch einen Albtraum.
Der ging so …

*Frau Schreck und Herr Gräber kommen auf die Bühne und gehen auf ihre Positionen. Talkgäste und Moderator oder Moderatorin schauen sich die Szene an.*

**Szene Horrorschule**

**Frau Schreck:** Gleich kommen die Kinder. Bäh!
**Herr Gräber:** Die sind so grässlich, am liebsten würde ich die sofort …

*Kind 2, Kind 3 und Kind 4 kommen auf die Bühne.*

**Frau Schreck:** Kommt rein, ein bisschen schneller!
Habt ihr nicht was vergessen?

*Die Kinder stehen vor ihrem Platz auf der Bank.*

**Kinder:** Guten Morgen, Frau Schreck! Guten Morgen, Herr Gräber!

*Die Kinder setzen sich hin.*

**Frau Schreck:** Ach ja, wir haben ein neues Kind, komm rein!

*Kind 1 tritt auf.*

**Herr Gräber:** Stell dich doch mal vor.
**Kind 1:** Ich heiße ................................................ .
**Herr Gräber:** Wie bitte?
**Kind 1:** Ich heiße ................................................ .
**Frau Schreck:** Kannst du die verstehen?
**Herr Gräber:** Wir haben nicht den ganzen Tag Zeit!
**Kind 1:** *(schreit)* Ich heiße ................................................ !
**Frau Schreck:** Schrei doch nicht so!
**Herr Gräber:** Setz dich hin, ................................................ .
**Kind 1:** Wohin?
**Frau Schreck:** Ist es so schwer, sich einen Platz zu suchen?

*Einige Kinder bieten Kind 1 einen Platz an. Es setzt sich hin.*

**Frau Schreck:** Seid leise!
**Herr Gräber:** Will jemand in den Sarg? Also still!
**Frau Schreck:** Jetzt wird erst mal gerechnet: Was ist vampig plus vampig?
**Kind 2:** Wolfig?
**Herr Gräber:** Falsch!
**Kind 3:** Hasig?
**Herr Gräber:** Wie kommst du denn darauf?
**Kind 4:** Blutig?
**Frau Schreck:** Endlich mal jemand, der das kapiert hat.
**Herr Gräber:** Was ist wolfig plus wolfig?
**Kind 2:** Ich bin mir ganz sicher: haarig!
**Frau Schreck:** War ja auch leicht!
**Herr Gräber:** Frühstückspause! Wie immer haben wir euch etwas Leckeres mitgebracht!
**Kinder:** Neeeeein!
**Frau Schreck:** Los, stellt euch an!

*Die Kinder stellen sich in einer Reihe hintereinander auf. Frau Schreck und Herr Gräber stehen jeweils mit einem Topf und einer Suppenkelle vor der Reihe.*

Frau Schreck: Was willst du haben? Eine Portion Popel? Oder Spinnenbeine?
Herr Gräber: Wir haben auch Matsch und Würmer. Hier bitte!
Frau Schreck: Wer sich beschwert, kommt in den Sarg!

*Die meisten Kinder schmeißen das imaginäre Essen anschließend heimlich weg und stellen die Teller wieder auf die Bank.*

Kind 2: Ich hätte gerne noch etwas davon.

*(Kind 2 bekommt Nachschlag. Die anderen Kinder ekeln sich.)*

Frau Schreck: Ihr seid ja alle fertig mit essen, dann macht ihr jetzt Deutsch mit Herrn Gräber.
Herr Gräber: Hefte raus und abschreiben, zack zack. *(Kind 3 meldet sich.)* Ja, was ist?
Kind 3: Was sollen wir denn abschreiben?
Herr Gräber: Willst du frech werden? Los, sofort in den Sarg!

*Kind 3 steigt in den „Sarg". Alle tun schnell so, als würden sie etwas abschreiben. Ein Gespenst kommt herein und jagt alle Kinder (bis auf Kind 3) aus der Klasse.*

Herr Gräber: So und jetzt machen wir Frühstückspause!

*Frau Schreck und Herr Gräber zeigen ihre Vampirzähne und beugen sich zu ihrem Opfer (Kind im Sarg) hinunter.*
*Kurzes Einfrieren, dann verlassen sie die Bühne und nehmen dabei das schwarze Tuch, Teller, Töpfe und Suppenkellen mit.*

**Szene Talkrunde**

Moderator: Das war ja eine gruselige Vorstellung. ………………………, glaubst du auch, dass es so schlimm wird?
Schulkind 2: Nein, so schlimm wird es bestimmt nicht.
Moderator: Und du, ………………………?
Schulkind 3: Ich glaube, dass wir nette Lehrerinnen und Lehrer bekommen.
Moderator: ………………………, was meinst du?
Schulkind 4: Ich denke, es wird richtig cool.
Moderator: Was muss deine neue Schule haben, damit du dich dort wohlfühlen kannst?
Schulkind 4: Also, davon habe ich eine ganz genaue Vorstellung …

**Szene Traumschule**

*Herr Lachmann kommt gut gelaunt mit Kescher auf die Bühne.
Er stellt die Bänke so, dass sie einen Pool andeuten, und reinigt diesen imaginären Pool mit dem Kescher. Die Kinder treten mit Schultaschen auf.*

**Kinder:** Hey, was geht ab, Herr Lachmann?
**Herr Lachmann:** Hallo, ihr Lieben! Warum tragt ihr eure Ranzen denn selbst? Die sind doch viel zu schwer.

*Er legt den Kescher weg und nimmt ihnen die Ranzen ab.
Die Kinder legen sich an den Pool.*

**Herr Lachmann:** Den Pool habe ich gerade sauber gemacht.
**Kind 5:** Danke, Herr Lachmann. Was lernen wir heute?
**Herr Lachmann:** Also wir können mit Pizza Bruch rechnen, Kunst machen oder lesen.
**Kind 6:** Lieber lesen, so früh morgens mag ich keine Pizza essen.
**Kind 7:** Wir lesen aber doch Comics, oder Herr Lachmann?
**Herr Lachmann:** Ja, sicher!
**Kind 8:** Nein, Kunst ist besser!

*Die Kinder diskutieren.*

**Herr Lachmann:** Habt ihr euch geeinigt?
**Kind 9:** Ja, wir wollen gerne malen.
**Herr Lachmann:** Dann malt bitte jeder ein Selbstporträt.
**Kind 7:** Was ist das denn?
**Kind 8:** Ein Bild von dir selbst.

*Die Kinder malen Strichmännchen.*

**Herr Lachmann:** Mensch, was für ein Talent! Du wirst jeden Tag besser! Alle sind so brillant! Ich bin begeistert! So, jetzt habt ihr Pause und in der nächsten Stunde gibt es noch eine Überraschung.
**Kind 5:** Was denn?
**Kind 7:** Spielen wir Fußball?
**Kind 6:** Machen wir wieder Blubberblasen?
**Kind 9:** Gucken wir einen Film?
**Herr Lachmann:** Nein, etwas anderes: Weil ihr gestern so toll gearbeitet habt, backen wir heute Brownies.
**Kind 8:** Wir haben gestern doch gar nicht gearbeitet.
**Kind 5:** Wir waren eigentlich nur im Pool.

**Herr Lachmann:** Und das war ja auch wirklich ganz schön anstrengend für euch, oder?

**Kinder:** Ja, stimmt.

**Kind 9:** Ich hätte fast einen Sonnenbrand bekommen.

**Herr Lachmann:** Ich habe mir einfach gedacht, ihr habt eine Belohnung verdient.

*Es klingelt.*

**Herr Lachmann:** Pause! Zur Frühstückspause treffen wir uns an der Bar, ich habe da einen Snack für euch vorbereitet.

**Kinder:** Alles klar, bis später Herr Lachmann.

*Die Kinder gehen ab.*

**Herr Lachmann:** *(zum Publikum)* Sie sind einfach so brillant!

*Er geht ab.*

**Szene Talkrunde**

**Moderator:** Ja, so eine Traumschule wünschen wir uns alle! Vielen Dank für das Gespräch und viel Glück für die weiterführende Schule. Das war .................................................... am Mittag, tschüss und auf Wiedersehen!

# Notizen